오장환과 데카당스 문학

오장환과 데카당스 문학

이영숙 평론

고두미

작가의 말

오장환, 그의 노래는 끝나지 않았다

'이브로부터 내려오는 원죄라니요, 나는 해주 오씨 자손이 아니요, 나는 조선인이요, 내 어머니의 아들이요, 자연의 아들이요.'

병든 시대에 갇혀 탈출하지 못한 억울한 수인의 외침이 먼 하늘을 휘돈다.

오장환! 당신은 불 켜진 항구를 떠도는 보헤미안, 자본이 들어차 질척거리는 서울에서 아귀 비틀린 조선의 뜯긴 살점을 읽는다. 비만한 자본이 뱃가죽처럼 출렁거리는 도시 골목들, 비애를 사고파는 뱀의 꼬리 징그럽게 춤추는 교태로운 윤락가, 흐드러진 꽃에서 악을 읽는 당신은 병든 시대, 술 젖은 홍등가를 흐느적거린 댄디, 퇴폐가 넌출거리는 바다에서 조선 민중의 짠 눈물을 읽는 데카당스다.

태어날 때부터 희멀건 손목에 채워 놓은 이브와 카인의 색인을 뭉텅 지우고 높은 성벽 안 고귀한 세례를 뿌리친, 스스로 뿌리 뽑힌 자.

시대가 매긴 족쇄를 부수고 마법 걸린 자기를 파괴하며 우울과 비애를 떠먹는 황혼녘의 데카당스, 출구 없는 남의 땅 내 나라, 등대 없는 항구에서 세이렌의 노래에 갇힌 비운의 앨버트로스, 식민지 조선 땅, 저 너머로 움 돋지 못한 간절한 그의 노래는 그 무덤가에 작은 꽃 한 송이로 피어났지만, 그러나 끝나지 않은 그의 노래는 우리의 노래이고 이 땅의 완전한 자유의 노래다.

2024년 9월

이영숙

차례

제1부 오장환, 다시 만나야 할 시인

1. 문화와 문학 현상의 데카당스

문화현상으로서 '데카당스décadence'는 그 어원을 추적하면 13세기 라틴어의 cadere(떨어지다) 또는 decadere(쓰러지다, 쇠퇴하다, 미약하다)에서 파생된 것으로 붕괴, 쇠퇴 등으로 번역된다. 정신하강 또는 역행의 태도를 나타내는 개념으로 이해할 수 있다. 절정단계의 국가 또는 사회가 하강으로 내려갈 때 부패와 퇴폐의 성향을 불러오는 염세주의적 성향을 데카당스라고 부른다.

데카당스는 로마제국의 멸망과 관련된 논쟁에서 사용되기 시작한다. 고도로 발전된 문명을 지닌 후기 로마가 게르마니아 평원의 비문명적 야만인의 습격으로 멸망하지만, 로마의 멸망은 이미 로마 사회 내부의 자체 모순에서 잉태된 결과라고 본다. 문명이 고도로 발전하여 과잉 상태에 이르게 되면 생동감을 잃게 되고 도덕적으로 타락하게 됨으로써 외적인 도전에 대한 방어력을 상실하게 되는데, 로마의 몰락도 여기에서 비롯되었다는 것이다. 그래서 프랑스 계몽주의 정치철학자 몽테스키외도 번영과 진보의 필연적인 결과를 데카당스로 본다.

이후, 데카당스는 몰락이라는 의미에 생명력의 약화, 삶에 대한 의지 마비, 권태와 우울, 퇴폐주의 등의 의미가 내포되면서 정치, 문화, 시대비판의 개념으로 확장된다. 1834년 고전문헌학자 니사르에 의해 비로소 문학용어로 차용되지만, 역사적 몰락기에 대한 부정적인 개념으로 고착된다. 그러나 보들레르는 문학적 데카당스를 평가 절하하는 니사르의 입장을 비판한다. 니사르가 「데카당스 라틴시의 도덕관과 비판에 관한 연구」를 통해 밝힌 '예술의 데카당한 스타일은 작품의 부분이 전체와 맺는 정상적인 관계방식을 파괴하고, 작품을 과도한 장식의 중층으로 해체하는 등 세부사항에 초점을 둔다'는 견해에 대한 반박이다.

데카당스 문학은 '몰락과 퇴폐의 문제'를 다루며 개인과 사회 현상이 유기적으로 표현된 반시대적 예술행위로서 긍정적인 것이라는 주장이다. 즉, 문화로서의 데카당스 현상들을 제재로 하여 새로운 가치를 제시하는 진보적인 장르로 규정한다.

19세기 말 프랑스에서 발전하여 다양한 예술 장르로 확대되어 상징주의와 모더니즘에 영향을 끼친 데카당스는 20여 년 동안 지속되었다. 프랑스 사회의 세기말적 경향은 지나칠 정도의 탐미주의, 감각 자극 추구, 기괴한 행동, 지나친 아름다움에 대한 집착, 우울한 면모가 예술의 바탕을 띤다.

데카당스 예술가들은 몰락, 생명적 저하, 퇴폐적인 세상 풍경, 관음적 시각을 띠며 감각적 성향이 짙은 유미주의적 성격이다. 때로 성도착증 같은 태도도 보인다. 종종 현실을 벗어나 비현실적이고 환상적인 세계로 도피하려는 경향을 보이고 환각이나 꿈, 마약, 초자연적인 요소들을 통해서도 표현된다. 성적 탐닉이나 금기된 욕망을 주제로 다루지만, 큰 주제는 전통적인 도덕적 가치관에 대한 반기이다. 19세기 말 프랑스 문학은 이상 추구와 같은 과열한 현상으로 무기력함과 권태로운 나태가 일상적인 삶에서 병적으로 찬양되기도 하였다. '저기 저곳'이라는 미래로의 지향은 '지금 여기'를 보잘것없는 곳으로 평가한다. 그리하여 허무, 야유와 조롱 섞인 말장난 등의 현실 부정적인 양상이 유행하였다. 사창가에서 윤락녀와 나누는 사랑을 멋진 것으로 그리고 그러한 여인과 현실을 도피하는 문학적 소재가 성행하기도 하였다. 이러한 여러 가지 세기말적 현상과 예술사조들로 사회의 부정적인 측면을 다루는 데카당스 문학은 제대로 평가받지 못하고 표면적인 퇴폐 속에 갇히고 만다.

이후, "호프만 스탈, 릴케, 토마스 만 등이 데카당스 문제를 통해 세계와 인간의 본질을 파악하고자하는 진정한 데카당스 문학을 구현"[1)]하면서 다시 명분을 찾게 된다. 따라서 문학현상으로서의 데카당스는 세기말적인 여러 병리적인 현상들을 소재로 차용하여 현상을 진단하는 긍정적인 개념을 담고 있다. 즉 문학 현상의 데카당스는 세상을 보는 새로운 시각이며, 예술과 인생에 대한 새로운 작법이다.

이후 데카당스는 소위 세기 말적 사조로 보는 견해와 기존 전통에 반항하고 새로움을 추구하는 여러 사조들의 집합체로 보는 경우로 혼재하면서 19세기 말 유럽 시인들에 의해 역사적인 사건과 호응하여 긍정적인 문학적인 용어로 인식된다. 프랑스 상징주의 1세대인 보들레르와 베를레느

1) 김홍섭, 「데카당스 문학과 토마스 만」, p.148.

에 의해 데카당스라는 말이 사용되었고 그 후에 랭보, 말라르메 등이 뒤를 따라 사용하였다. 1883년 베를레느의 유명한 소네트 「무기력Languer」의 첫 행, "나는 절망의 벼랑 끝에 선 저무는 제국이다(Je suis L' Empire à la fin de la décadence)"라는 표현으로 처음 사용했다.

데카당스 문학은 기존 문학의 진부한 형식과 규칙을 깨트리고 오직 '예술을 위한 예술'이라는 새로운 기치를 들고 일어난 장르이다. 데카당스 문학의 대표 시인 보들레르는 당시 미술평론, 음악평론과 함께 데카당스 문학의 중요한 기초를 마련한 인물이다. 그는 1821년 프랑스 파리에서 사제였다가 환속한 아버지 프랑수아 보들레르(62세)와 고아 출신인 어머니, 카롤린 뒤페(28세) 사이에서 태어났다. 부친이 6년 뒤 많은 유산을 아들에게 남기고 사망하면서 어머니는 오픽 장군과 열애에 빠지고 외로운 보들레르는 결핍된 유년 시절을 보내다 46세 이른 나이에 사망한다. 사제였던 아버지의 유산 덕분에 평생을 경제적 미성년자로 살아온 보들레르, 낭트에서 온 매춘부의 딸 흑백 혼혈인 잔 뒤발과 나눈 십여 년 간의 사랑은 유명한 일화이다. 잔 뒤발은 검은 비너스로 알려진 단역배우이다. 대학 입학 전부터 유대인 매춘부에 빠져 사창가를 제집처럼 드나들던 보들레르는 훗날 프랑스 낭만주의에서 벗어나 상징주의를 태동시킨 현대시의 선구자로 평가받는다. 상징주의는 상징물을 통해 본연의 원관념을 드러내는 방식으로 매개인 사물과 그 매개가 내포하는 의미의 이중성을 갖는다는 점에서 겉으로 비유와 유사하나 무한하고 다양한 내적 아날로지를 갖는다는 점에서 다르다.

19세기 말 자본주의의 대량 생산 시스템에 반발한 보들레르의 데카당스 문학은 현대문학은 물론 회화, 음악, 연극 등 예술 전반에 걸쳐 큰 영향을 미치며 새로운 전환점을 불러오는 기폭제가 된다. 인간 본성의 복잡성과 모순을 탐구하는 과정에서 나타난 개인의 내면적 고통과 반발이 퇴폐적인 정서, 미적추구, 삶의 허무와 고독 등과 맞물려 어두운 정서가 주조를 이룬다.

데카당스 문학의 연장선에서 등장한 댄디즘은 패션계의 본산 영국 런던식 부르주아 댄디즘과 달리 변주된 프랑스식 댄디즘으로 발전한다. 영국 신사의 댄디 조지 브러멀의 영향을 받지만 보들레르와 이후 데카당스 예술인들의 댄디즘은 자본주의의 반동에서 발원한 예술을 위한 예술로 태동한다.

산업화와 함께 대량 생산으로 쏟아지는 전대미문의 광기

의 시대, 자본주의가 예술인들을 불안하게 할 때 댄디즘은 예술가적 자존심을 지킨 대안으로 떠오른 풍조라고 할 수 있다. 그 당시는 예술가로서의 행위보다 관람자로서의 행위가 더 부각되는 시대로 댄디즘의 출현도 그런 맥락과 연결해서 해석할 반동적 부분이다.

2. 데카당스 문학의 효시, 보들레르, 『악의 꽃-Les Fleurs du mal』

> 시란 현실보다 훨씬 더 현실적인 그 무엇이다.
> 오로지 '다른 세계'에서만
> 완전히 사실적인 그 무엇이다.
>
> — 보들레르

1857년 보들레르 시집 『악의 꽃-Les Fleurs du mal』은 데카당스 문학의 대표작이다. 작품을 통해 선과 악, 미와 추, 황홀과 절망 등 이분법적 요소로 구분 짓기 전 본래 그대로 보는 방식으로 선과 미, 도덕의 가치를 중점으로 한 당시 기성 시대의 도덕관과 예술관에 대한 거침없는 반역이다. 그가 쓴 대부분의 시는 파리라는 도시를 배경으로 하여 자본주의 시대 질척한 파리 도심이 주 무대였다. 인간 내면의 악과 부패 등이 아름다움과 어떻게 공존하는가의 탐구이며 기존 가치가 악이라고 지정한 그것에서도 그 본래의 아름다운 가치를 찾아내려는 작업이다. 고대의 전형적인 틀에서 벗어나 삶을 직접적으로 표현해야 한다는 지론으로 예술은 현대적 삶의 직접적인 표현이어야 함을 주장했

다. 즉 인간 실재의 복잡성과 모순을 예술적으로 표현하려고 노력했다. 그러나 『악의 꽃』은 추잡하고 외설적이라는 지탄을 받고 공중도덕과 미풍양속을 해친다는 이유로 101편 중 6편은 삭제되고 나머지는 벌금형을 받았다. 훗날 1세기가 지나서야 무죄 판결을 받고 삭제본도 다시 출간됐지만 어쨌든 보들레르는 근대 자본의 가치 중심적 시대에서 소외된 예술의 자존심을 지키고자한 댄디즘, 시대를 앞선 선구자형 예술인이다. 그의 삶은 프랑스 문화를 꽃 피운 선적인 것의 뒤편인 악에 초점을 두고 음수적인 것들을 표면으로 올린 전위 예술가로서의 전투적인 삶이었다. 그러한 까닭에 그의 독특한 미학 행위는 퇴폐주의로 평가 받으며 잠시 문단의 뒤안길로 사라진다.

데카당스 효시인 『악의 꽃』은 19세기 말 프랑스의 사회적 변화와 문화적 배경을 담고 있다. 산업혁명으로 도래한 물질주의와 도덕성 비판, 과학 발전으로 인한 인간 본성의 어두운 이면이 탐구 대상이다. 자연과 개인의 감정을 중시하여 감정 표현이 극단적이며 인간 본성을 여과 없이 다룬 까닭에 감각적인 성향을 띠며 타락과 퇴폐 이미지가 주를 이룬다.

그러한 까닭에 보들레르의 『악의 꽃』은 프랑스 파리 도심의 병적, 원초적, 감각적, 성적, 악마적, 퇴폐적, 술, 매음, 우울, 죽음 등의 주제로 인해 일부가 그의 시집에서 삭제되고 심지어는 유죄선고까지 받는다. 당시 시인은 자신의 시를 부분이 아닌 전체로 읽어달라고 당부했다고 한다. 표면적인 소재 이미지로는 그 속내를 알 수 없기 때문이다. 프랑스 파리의 끔찍한 도덕성을 고발한 그 깊은 의미가 다분히 왜곡될 소지도 있는 까닭이다. 산업혁명이 들어찬 프랑스 사회의 화려함과 그 이면에 드리운 도덕성의 타락, 술집 매춘부의 화려함과 추함, 그 이중 기제를 상징한 악의 꽃,

미와 추 두 이미지의 병합은 그의 의도이다.

보들레르는 작품을 통해 인간 존재의 어두운 일면과 내재한 퇴폐성을 탐구하며 삶의 근간을 이루는 고통과 절망, 허무를 시적 주제로 끌어와 인간의 비극적이고 부정적인 감정을 표현하려고 노력했다. 그의 시가 다소 외설적이고도 종교적인 문제를 띠는 것은 당시 가톨릭 국가인 프랑스의 기독교 문제점을 제기한 이유이다. 당시 가치 기준은 기독교적 가치관과 떼려야 뗄 수 없는 조합인 까닭이다. 보들레르의 작품 세계는 미적 추구와 퇴폐적인 아름다움-예술을 위한 예술-현실 도피와 비현실적인 세계로의 도피-성적 모티브와 감각적 표현-도덕적 회의주의로 나타나며 독자 안의 내밀한 감각을 일깨운다.

기존 방식과 달리 빛에 가려진 어둠, 즉 진선미의 반대편에 있던 음수들에 초점을 둔 보들레르, 예상대로 보들레르는 기독교에 반하는 성적 이미지와 사탄 이미지를 사용하여 공중도덕을 무너트린다는 이유로 기소되고 벌금형까지 받는다. 보들레르의 꽃은 본래 지닌 아름다움이 썩고 부패하여 결국은 죽음이라는 인간 존재의 이중성과 모순을 상징한 대표 소재이다. 어쨌든 나중에 제대로 평가받은 작품이지만, 당시 반시대적 고찰인, 보들레르는 시대를 앞서온 인물임은 자명하다. 예술까지도 기독교적 가치와 도덕적 검열이 심했던 당시 일부 문학인들은 순전한 예술쟁의를 위한 실험 및 운동을 시도해왔다. 어쩌면 그들은 있는 그대로의 인간을 작품으로 올려놓는 이 시대정신과 정신과 의사 역할을 한 예술 군이다. '참신한 창의, 새로운 전율'이라는 호평을 받았음에도 불구하고 기독교 윤리관이 만연한 당시에는 제대로 주목받지 못하고 훗날 상징주의가 예술 분야에 정착할 때 비로소 올바른 평가를 받았다.

우리 눈은 선과 미를 보는 쪽으로 자동 기울지만, 보들레르의 그의 시선은 자본이 들어차 질척거리는 파리 골목이다. 그의 반역은 근대 문명의 화려한 골목에서 악의 꽃들을 드러내는 것이다. 시적 화자는 대부분 자기파괴와 자기부정을 일삼는 고통스런 시인이다. 주요 키워드는 매춘부, 뱀, 사탄, 마녀, 아름다움, 병, 시체, 추악, 악마, 바다, 항구, 머리, 향기, 소리, 빛깔, 쾌락, 노래, 우울, 권태, 악취, 시체, 죽음, 저문 태양, 여왕(우아한 교태), 고양이(우아한 자세), 올빼미(지혜와 명상), 시인, 화가, 늙은 스핑크스 등 대체로 어두운 정서들이다. 격렬한 갈채와 비난을 동시에 받은 문제작으로 생명과 죽음, 사랑과 증오, 천사와 악마, 기쁨과 우울 등으로 표상되는 이면적 속성은 데카당스 특징이다. 보들레르의 반 기독교적 가치는 에덴동산 아담의 이브 유형에 밀린 릴리스, 즉 올빼미로 상징되는 릴리스적인 여인들에게로 향한다. 아이러니하게도 그 곳에서 오아시스를 찾는다. 기독교적 가치가 매긴 선과 악의 개념에 대한 반동이다.

보들레르 스스로도 혹독한 이 한 권의 시집 속에 내 모든 혼과 애정, 변조된 종교와 온갖 증오를 쏟아 부었다고 피력한다. 『악의 꽃』에 수록된 「앨버트로스」는 그의 대표 시이다.

흔히 뱃사람들은 재미 삼아
거대한 바닷새 앨버트로스를 붙잡는다.
바다 위를 미끄러져 가는 배를
게으른 동행자인 양 뒤쫓는 바닷새를,

갑판 위에 내려놓으면
이 창공의 왕자는 서툴고 수줍어
그 크고 흰 날개를 노처럼
가련하게 질질 끌고 가네.

날개 달린 이 유랑자, 얼마나 서툴고 어색한가!

한때 그토록 멋지던 그가 얼마나 우습고 추한가!
어떤 사람은 파이프로 부리를 건드려 약 올리고,
어떤 사람은 절뚝절뚝 하늘을 날던 불구자 흉내를 낸다!

시인도 폭풍 속을 넘나들고 사수를 비웃는
이 구름 위의 왕자 같아라.
야유의 소용돌이 속에 지상에 유배되니,
거인의 날개가 걷기조차 방해하네.

―「앨버트로스」 전문

여기서 앨버트로스는 시인 자신이다. 앨버트로스가 바다 위를 자유롭게 날아다닐 때 우아하고 그 위세가 대단하지만 뱃사람들에게 붙들린 갑판에서는 야유와 조롱을 받는 무력한 존재가 된다는 것이다. 생산이 다량으로 쏟아지는 산업혁명 시대, 비주류로 몰리는 시인 자신은 물론 예술가들의 고난과 고독을 상징적으로 표현한 대표적인 시다. 앞에서 언급한 보들레르의 가난한 댄디즘은 이렇듯 프랑스 사회 쓰나미로 몰려오는 산업혁명의 반동에서 시작된 듯하다.

이 끔찍한 악취에서 멀리 달아나
높은 하늘에서 정화하기를,
순수한 성수처럼 마셔라,
투명한 공간을 가득 채우는 밝은 불을,

혼미한 존재를 무겁게 짓누르는
권태와 거대한 슬픔을 뒤로 하고,
창창히 빛나는 들판을 향해 힘찬 날개로
날아오르는 자 행복하리.

—「상승」 부분

자본주의 시대의 기본 정서 공식은 욕망→권태→욕망→권태의 순환이다. 늘 새로 솟는 욕망을 욕망하느라 거대한 삶을 통째로 들고 있으려니 삶의 기저는 우울과 슬픔일 수밖에 없다. 문명이 게걸스럽게 먹고 쏟아낸 오물은 악취를 이루며 존재를 제압하니 창공에 희망을 걸고 앨버트로스의 날개로 상승을 꿈꿀 수밖에 없는 시대적 비관이다. 모든 혁명은 반동인 까닭에 불온이 주된 골격을 이룬다. 권태와 슬픔, 우울, 상승은 데카당스 시학의 골격이다.

병적인 것도 발랄한 것도 그대의 모든 것은 내게는 즐거움이니,

—「홀린 사내」 부분

그대 어느 깊은 하늘에서 왔는가, 심연에서 솟았는가,
오 아름다움이여! 악마 같은 숭고한 그대 눈길은
선과 악을 뒤섞어 쏟아 부으니,
그대를 가히 술에 비기리니.

사탄이건 신이건, 무슨 상관이야? 천사이건 사이렌이건,
무슨 상관이랴? 빌로드 같은 눈을 가진 요정이여,
운율이여, 향기여, 빛이여, 오 내 유일한 여왕이여!
덜 추악한 세계를 만들고, 시간의 무게를 덜어준다면!

—「아름다움에 바치는 찬가」 부분

백년 된 깊은 구렁가로 넘어뜨린다,
거기서 제 수의 찢는 냄새 나는 나사로처럼,
썩고 매혹적이고 음산한 옛사랑이
유령 같은 송장이 잠 깨어 꿈틀거린다.

—「향수병」 부분

그때, 오 나의 미녀여, 당신을 핥으며 파먹을
구더기에게 말하오.
썩어 없어진 사랑이어도
그 모습과 고귀한 본질을 간직했노라고!

—「시체」 부분

내 곁엔 늘 악마가 꿈틀거리다.
그는 만질 수 없는 공기처럼 내 주위에 떠돈다.

—「파괴」 부분

더러는 어깨에 즐겨 옷을 걸치고,
기다란 옷자락 밑에 채찍 하나를 감추고,
고독한 밤에 어두운 숲속에서
고통의 눈물과 쾌락의 거품을 뒤섞네.
오 처녀여, 오 악마여, 오 괴물이여, 오 고통 받는 여인이여,
현실을 경멸하는 위대한 정신이여,
무한을 찾는 여인이여, 광신자여, 방탕한 이여,
때로 소리치고, 때로 눈물 흘리는 이여.

내 불쌍한 누이여, 그대를 동정하므로 사랑하네.

—「벌 받는 여인」 부분

보들레르의 시집 『악의 꽃』은 릴리스적인 여인들이 대부분을 차지한다. 현란한 파리 도심이든, 윤락가의 여성이든 악의 꽃으로 상징되는 릴리스들은 때로 사탄, 마녀, 부엉이와 올빼미, 고양이, 뱀 등 지혜와 지성으로 표현된다. 그의 내면 의식은 불쌍한 릴리스들을 억압해 온 전통가치와 형이상학의 이분법적 역사에 대한 질타이며 고발이다.

위 시들을 통하여 발견되는 한 소실점은 시대이든 사람이든 그 안에 선과 악, 미와 추의 요인이 중첩돼 있다는 점이다. 그것이 시대와 나를 파괴하는 요인이기도 하고 성장케 하는 요인이기도 하다. 지금까지의 전통 가치가 진선미 중심의 발랄한 것만 취해왔다면 데카당스 시학의 방향은 미와 추, 선과 악 그 양면을 보는 관점으로 발랄한 것의 이면인 병적인 것도 볼 줄 아는 큰 시각이다. 병적 우울과 악마주의는 데카당스 시학의 주된 정서이다.

전통시학에서 인간의 본질을 플라톤식 이데아에 둔다면 데카당스 시학의 인간은 지금 여기 그대로의 실존이며 무수한 존재자, 즉 하이데거식 실재를 읽는 현존재로 보는 구조이다. 나아가 지금 여기를 진단하여 저기 저곳으로 확장하는 창조자아인 것으로 늘 파괴와 극복, 상승 곡선으로 변주된다.

시적 화자의 시선이 닿는 프랑스 파리 암울한 구석마다 올빼미처럼 노려보는 그 시선 속에 도도한 고양이들이 요염하게 비친다. 그러나 시인은 유목하는 보헤미안, 출구를 찾지 못한 비극의 데카당스, 날개 꺾인 앨버트로스, 뉘일 곳 없는 수체 냄새 가득한 이곳에서 춤추는 뱀의 원조를 읽는다. 시인은 전체를 보느라 퀭한 눈을 하고 도시 골목에 드리운 악취에 비틀거리면서도 그 진단을 멈추지 않는다. 슬퍼서 취할 수밖에 없는 현실, 아파서 우울을 떠먹는 아침, 보들레르의 의식 속에 축축하게 드리운 알레고리를 읽는다.

> 언제나 취해 있어야 한다.
> 모든 것은 거기에 있다.
> 그것이 유일한 문제이다.
> 그대의 어깨를 짓부수고 땅으로 그대 몸을 기울게 하는
> 저 시간의 무서운 짐을 느끼지 않기 위하여
> 당신은 쉴 새 없이 취해야 한다.

그러나 무엇에?

술이건 詩건 또는 덕이건, 무엇에고 그대 좋도록,

그러나 다만 취하여라.

그리고 때때로, 궁전의 섬돌 위에서, 도랑가의 푸른 풀 위에서, 그대의 밤을 침울한 고독 속에서, 그대가 잠을 깨고, 취기가 벌써 줄어지고 사라져 가거들랑, 물어보라, 바람에, 물결에, 별에, 새에, 시계에, 사라져 가는 모든 것에, 울부짖는 모든 것에, 흘러가는 모든 것에, 노래하는 모든 것에, 말하는 모든 것에, 물어보라,

지금은 몇 시인가를,

그러면 바람도, 물결도, 별도, 새도, 시계도, 그대에게 대답하리,

"지금은 취할 시간?" 시간의 학대받는 노예가 되지 않기 위하여, 끊임없이 취하여라! 술이건, 詩건, 또는 덕이건, 무엇에고 그대 좋도록.

—「취하라」 부분

『파리의 우울』은 보들레르 사후 2년 뒤에 발간된 산문 시집이다. 데카당스 소재와 주제 경향은 기존 질서에 대한 반

항과 인간성 상실의 시대를 보여주며 인간 존재의 복합성을 예술적으로 표현하려 했던 장르임은 분명하다. 데카당스 시인들은 전통적이고 고체화된 것들에 대한 반기, 기독교 중심의 가치와 형이상학적 이분법에 망치를 든 전복의 철학자들이다. 사회적 자아의 모든 페르소나를 거둔 본래의 인간, 그 내면에 꿈틀거리는 이드(id)감각을 액면 그대로 드러내어 인간의 면모를 총체적으로 다루고자 했던 것이다.

이 세상에 존재하는 것은 저마다 존재 이유가 있다. 심안을 뜨면 그동안 놓친 것들이 많다. 다만 의식의 눈이 작아 지나쳐버린 것들이 더 많은 세상이다. 눈에 보이는 것만 천착하면 전체를 보기가 어렵다. 우리가 사는 지구는 둥글다. 입체적이고 다면적인 3D 시점으로 그 원형 속에서 부대끼는 것들의 존재 이유도 기울여야 할 대상이다. 기쁨과 슬픔, 아름다움과 추함, 행복과 불행은 한 기둥을 이루는 서로 다른 짝으로 따로 또 같이 레일위에 있는 쌍이다. 선을 선이도록 이끄는 요인이 아이러니하게도 필요악이다. 진정한 선은 악으로부터 잉태한다는 의미일 것이다. 고통은 때로 우리를 최고 수준의 높은 곳으로 안내하는 사다리라는 니체식 해석이기도 하다.

3. 오장환의 데카당스 수용

> 나의 노래가 끝나는 날은
>
> 내 무덤에 아름다운 꽃이 피리라.
>
> —「나의 노래」 부분, 1939.

지금쯤 그의 무덤에 동그랗게 하늘거리는 개망초꽃이라도 피어있을까? 당 시대를 마음껏 날지 못한 오장환의 시적 날개를 처연히 상상한다. 한때 누군가는 그를 1936년 이상의 소설 「날개」범주와 비견하며 일제 강점기 무력한 지식

오장환의 시집들.

인의 고뇌를 다룬 시인이라는 소극적인 해석에 그친 바 있다. 물론 오장환은 한 때 서정주, 함형수 등의 신진기예 문인들과 이상의 영역에서 활동하여 영향 받은 바 있다. 당시 이상의 「오감도」, 「正式」은 다다와 미래파·초현실주의를 수용한 흔적으로 시단의 화제를 끈 작품이다.

충북 보은의 오장환 시인은 휘문고보 3학년인 16세에 「목욕간」을《조선 문학》에 발표하면서 문단에 등장하며 시단의 주목을 받는다. 당시 「목욕간」은 운율을 넣지 않는 이야기글로 보들레르식 산문시를 연상케 한다. 1930년대 서정주, 이용악과 함께 시단의 3천재로 추앙받던 그의 작품 속 핵심 주제는 '창조자아'였다. 그러던 그가 월북했다는 이유로 남북한 어느 곳에서도 제대로 평가받지 못하고 휴전선의 시인으로 머문 불운한 존재였다. 그러나 1988년대 납·월북 작가들에 대한 해금 조치로 정지용, 김기림, 임화, 박태원, 이기영, 등과 함께 다시 세상에 나온 인물이다.

그의 시작노선은 전통 가치에 대한 반발과 자기부정, 잘못 이식된 근대의 내부로 스며들어 새로운 가치를 추구하려던 진보성향의 실천적 시인이었다. 일본 유학 시절 사자업寫字業과 수많은 독서를 통해 국외의 아방가르드 예술을 접하고 특히 프랑스 데카당스 문학에 경도된 그는 암울한 혼돈의 시대를 딛고 일어설 예술적 자긍심의 단초로 프랑스 상징주의 효시인 데카당스에 천착한다. 19세기 말~20세기 초 20년에 걸쳐 유행한 데카당스 파는 훗날 상징주의와 모더니즘에 영향을 끼친 사조로 독일의 쇼펜하우어의 『의지와 표상으로의 세계』성향도 한몫했다. 쇼펜하우어의 비관주의 철학과 인간본성에 대한 회의적인 시각이 데카당스 문학의 어두운 주제에 공감을 일으켰다. 쇼펜하우어는 당시 이성철학의 헤겔과는 달리 인간의 삶은 곤궁하지 않으면 권태로우며 인생은 고통과 욕망의 연속으로 욕망은 결코 충족될 수 없다고 본 의지 철학자다. 삶 자체를 우울과 허무로 보는 그의 염세주의는 결국 인생의 부조리와 무의미함을 탐구하는 성향으로 기울고 그 결과 데카당스 문학의 감각적이고 퇴폐적인 이미지에 영향을 미친다.

쇼펜하우어 철학의 영향을 받은 프랑스 대표적인 데카당스 시인인 보들레르와 베를레느, 랭보 등과 독일의 니체, 러시아 혁명 시인 예세닌의 영향을 받은 한국문단의 오장환 역시 이들과의 영향관계에서 벗어날 수 없다. 그가 일본 유학시 영향을 받은 니체는 데카당스 문학의 일부 요소는 비판하지만 그의 문학의 기본 바탕은 여지없이 데카당스다. 니체 역시 전통적인 가치와 도덕을 비판하고 인간의 창조성과 자율성에 중점을 둠으로 인간 존재의 본질과 삶의 의미에 대한 깊은 통찰을 제공한다. 기존 가치의 반동현상인 그의 핵심 노선은 초인, 힘의 의지, 영원회귀, 신의 죽음 등으로 나타나며 각 인간이 스스로의 가치를 창조하고 삶의 의미를 찾아 끊임없이 자기파괴와 극복을 통해 창조자아로 나아가야 하다는 것이다. 니체가 말하는 인간정신의 발전 3단계인 낙타→사자→어린이 단계로의 성장이며 낙타단계인 노예도덕에서 사자단계인 주인도덕으로 나아가 어린이단계인 창조도덕에 이르러야 한다는 의미다. 그가 말하는 이상적인 인간 초인은 기존 도덕과 가치를 초월한 일신우일신하며 스스로 가치를 매기는 자율적인 존재다. 보들레르와 니체식 초인 사상을 접한 오장환 역시 반전통, 반근대를 지향하며 보들레르식 댄디즘인 '예술을 위한 예술' 전위파로 나아간다.

1930년대 일본 유학파들에 의해 신경향의 예술이 다량으로 유입돼 올 때 이미 한국 문단에도 1918년 김억이 《태서문예신보》에 프랑스 상징파 데카당스 보들레르와 베를레느 등의 많은 시인들을 소개한 바 있고 1921년 『오뇌의 무도』로 묶어 발간했다. 상징주의는 기존의 고전주의 등과 달리 선험에 의한 자동 반응을 비판하고 사물을 항상 새롭게 보고 새롭게 반응하며 새로운 언어로 나아가자는 새로운 문단 사조이다. 당시 한국 문단에 신경향의 예술이 나올 듯 말 듯 한 시기임을 고려할 때 김안서의 『오뇌의 무도』는 한국 문단에 프랑스 상징파 데카당스를 소개한 한국 최초의 번역 시집으로 큰 역할을 했다. 그러나 오장환은 당시 시인들이 데카당스 문학을 제대로 실천하지 못하고 새로운 사람, 창조자아로 나아가지 못한 안타까움을 시론과 산문을 통해 심경을 밝힌 바 있다.

오장환은 충북 보은군 회인면 중앙리 140번지에서 1918년 5월 15일 아버지 오학근과 어머니 한학수 사이에서 서자 신분으로 태어났다. 그러한 출신성분이 큰 꼬리처럼 달라붙어 문단에서 조차 서자 평가를 받았다. 1930년대 스승 정지용에 의해 문단에 나온 오장환을 서정주는 『성벽』과 『헌사』 이후 오장환 시는 정지용 시만큼 뛰어나다고 평가했다. 서정주의 시 역시 「문둥이」나 「화사」, 「자화상」을 통해서도 오장환 시에서 볼 수 있는 보들레르의 데카당스 풍의 병적 악마주의 요소가 발견된다. 물론 세기말 데카당한 경향은 그 이전 《폐허》나 《백조》 동인 이상화·박종화 등의 초기시를 통해 매우 병적인 상태의 인간유형으로 드러나지만 당시 유럽문학사조의 흉내일 뿐 그 너머로 나아가지 못했다. 보들레르풍의 데카당스는 이상과 서정주, 오장환으로 이어지고 오장환은 앞선 세대와 달리 그들의 회화성 자리에 베를레느가 강조한 데카당스 시학의 음악성을 투입한다. 운율이나 음악성은 시의 의미와 유기적인 상관관계를 맺는다. 강조할 의미 내용이나 소재 또는 주제를 의미 완성으로의 보완책이 음악성이지만, 음악성 역시 데카당스 시학의 주요 요소이다. 운율, 문체 등의 시의 형식과 내용의 합일이 시의 완성이라고 할 수 있다. 오장환의 격렬한 문체나 음악성은 장시인 「수부」나 「전쟁」, 「황무지」같은 실험적인 시들로 확장하면서 일제 강점기 수도 서울의 하부 그 밑바닥으로 교묘히 들어가는 방식이다. 그 역시 일제 검열을 의식한 객관적 거리 두기, 관찰자 시점으로 일제 강점기 조선 문단을 배제할 수 없었고 그만의 보완된 데카당스 경향은 더욱 농후해진다.

김용직은 오장환이 일본의 《시와 시론》형 단시의 기법에 엘리엇이나 스펜더에게서 배운 장시를 접목 시킨 결과가 오장환의 장시이고 먼저는 그것이 등단 이후 얼마동안 격렬한 입장을 취한 모더니즘에 경도된 사실이 있다고 밝혔다. 상징주의와 모더니즘의 시원이 보들레르식 데카당스 경향일 때를 감안하면 충분히 수긍할 부분이다.

오장환은 문단의 새로운 이단아였고 시대의 흐름을 앞서 간 선진 예술인이다. 당시 유럽 쪽의 성행하는 문예사조를 제대로 인식 못 한 국외 유학파들에 의해 그의 작품 세계는 제대로 조명되지 못한 채 병적 퇴폐주의로 머물렀으니, 태풍을 못 만난 앨버트로스였고 진보적인 인텔리겐치아였다. 그의 고뇌는 「문단의 파괴와 참다운 신문학」 등 다수의 산문을 통해 확인된다.

인간이 생활하여 나아가는 태도에는 창조적인 것과 추종적인 두 가지가 있다고 구별되는데 요사이 청년들의 기개와 태도를 통틀어 보면 대개는 이 침 뱉을 만한 절망과 무기력에서 나온 추종의 생활을 이웃게 되어 그들은 저도 모르는 사이에 영영 그칠 줄 모르는 현실의 악으로 굴복하게 되었다. 굴종 그것은 무언중에 그 상대방을 지지함이다.

'그는 시인이다'와 '그는 인간이다' 하는 둘찌간에서는 어느 것이 되겠느냐고 묻는다면 서슴지 않고 '나는 인간이 되겠다'라고 맹세할 것이고 나는 정상한 인간의 행로 가운데 문학의 길을 밟으려고 한다.

—「문단의 파괴와 참다운 신문학」 부분, 1937.

기성문단의 파괴와 참다운 창조 문학을 지향했던 오장환의 데카당스 역시 19세기 프랑스와 영국에서 일어난 데카당스는 기존의 질서와 도덕보다는 퇴폐, 지성보다는 관능에 관심을 두고 새로운 풍의 전위적인 미를 발견하려는 사조이다. 예술을 위한 예술에 시대 인식을 노래한 그는 조작되지 않은 무질서, 날것의 시학으로 '조그만 자기'를 벗어나 새로운 자아를 위해 발버둥친 데카당스 시인이다. 그의 데카당스 문학은 여전히 개간되지 못한 채 잡풀 가득한 묵정밭으로 남아 있다. 이제 그가 큰 날개를 펼 수 있도록 물을 채우고 큰 태풍을 일으킬 때이다. 그의 노래는 끝나지 않았다. 그의 무덤에 꽃피울 날은 아마도 오장환 시인이 문학현상의 데카당스로 정식 이해받을 때일 것이다.

1930년대 시단의 새로운 횃불 오장환 시인, 이제 그를 다시 불러내야 할 시간이다.

제2부 오장환 문학의 데카당스

안서 김억은 우리 문학사에 본격적인 근대시를 발표한 시인이다. 그가 1921년에 엮어 낸 역시집『오뇌의 무도』는 1918년《태서문예신보》에 발표한 프랑스 상징파 시인들 베를레느, 구르몽, 보들레르, 예이츠 등을 소개한 역시집이다.

김윤식·김현이『한국문학사』에서 밝힌 것처럼 1920년대 식민지 지식인에 대해서는 그들의 자기 형성 과정이《개조》,《중앙공론》등의 일본 종합지와 일역된 서구 많은 사상서 및 그를 변형한 몇 권의 일서에 있었다는 사실이나, 자국의 전통과 역사·문화에 대한 교육 작용이나 인식이 전무한 바탕에서 출발했다는 사실이다.

제국주의 열강들의 영토 확장이 시작되던 시기 데카당스 문학은 본의에서 벗어서 자국에 맞는 형태로 변용되고 굴절되어 해석된다. 한국문단의 데카당스 문학과 이론은 1921년 안 자산에 의해 '세기 말 사상'으로 소개되고 국어 사전에도 단순히 퇴폐적, 유미적, 탐미적, 악마주의 등의 경향을 띤 예술로 정의되었다.

1930년대 일본 유학생들을 통해 굴절된 상태로 유입된 한국 문단의 데카당스 문학은 프랑스 상징주의와 모더니즘의 물꼬를 튼 전신이면서도 제대로 평가받지 못한 채 퇴폐주의라는 틀에 갇혔다. 데카당스는 퇴폐적인 성향을 일삼는 부정적인 문학 현상으로 간주되었고 오장환의 시 역시 그런 맥락에서 소극적인 평가로 그쳤다. 그동안 전기적 사실에 기초하여 서자 의식의 발로發路라는 것으로 분석함으로써 오장환을 더욱 퇴폐적인 시인으로 고착시키는 단초를 형성하였다. 데카당스 어의에 갇혀 이면을 유추하지 못하는 근시안적 평가에 머물러왔다고 할 수 있다. 이로써 한국 문단에서의 데카당스 문학은 퇴폐적인 문학으로 간주되고, 데카당파 상징주의자 보들레르 역시 깊게 탐구되지 못하고 네거티브 평가에 그쳤다.

오장환은 《20세기》 시문학지와 일본 유학시절의 번역일을 통해 유럽의 많은 작가들을 접한다. 또한 데카당스를 긍정적인 개념으로 정리한 프랑스의 보들레르, 베를레느,

독일의 니체 등과 융, 헤르만 헤세, 릴케, 루소, 말로, 말라르메, 포, 랭보와 러시아 혁명시인 예세닌 등을 접한다. 이들을 통해 문화 현상의 이면을 바라보는 시야를 구축한다.

그러나 보들레르의 영향을 받은 오장환의 데카당스도 제대로 평가받지 못한 채 미봉책으로 남아있다. 오장환의 문학세계는 세기말적 성향을 띠는 단순함에서 벗어나 일제강점기 시대인식과 조응한 출구 찾기로서의 건강한 데카당스 문학의 발로였다.

또한 작품 속 니체 사상의 접목은 일본 유학생 시절에 생계를 유지하는 아르바이트 사자 업을 통해서다. 이 때 바그너를 만나고 데카당스 문학에 밀접하게 연결한다. 음악은 언어로 다 표현할 수 없는 경지일 때 최상의 표현 매체이다. 바그너의 작품과 데카당스 문학은 밀접한 연관이 있다. 바그너의 오페라는 종종 감각적이고 화려한 미적 체험을 중시하는 경향이다. 오페라 역시 전통적 미학을 벗어나 독창적이고 혁신적인 미적 경향으로 흐른다. 데카당스 문학에서 나타나는 감각적인 정서나 강렬한 감정 등과 부합된다. 데카당스 요소는 그 당시 예술 분야 전반에 교집합처럼 흐르는 성향이라고 할 수 있다.

데카당스 문학은 문화 데카당스를 진단하고 새로움을 지

향하는 긍정적이고 적극적인 의미를 띤다. 물론 데카당스를 어의 상 퇴폐로 보는 것도 무리는 아니지만 문학으로서의 데카당스는 '퇴폐=데카당스'가 아니라, 다양한 특성을 아우르면서 우리 사는 여기 그 현상을 진단하고자 하는 긍정적 의미를 지닌다. 즉 데카당스 작가들은 시대의 끝, 세기말이라는 분위기가 만연할 때 탈 인간화 과정의 변호자이며 의사들인 것이다.

니체나 오장환 모두 데카당스의 효시인 보들레르의 『악의 꽃』을 접목한 고체 전통 가치와 왜곡된 근대 문명에 대한 반발이다. 그의 데카당스 문학에 드리운 염세적인 성향의 퇴폐미와 병적 관능은 시대비판과 절망, 무질서, 자기파괴와 가치창조, 죽음의 향연과 초월, 그 너머의 세계 등으로 확장된다.

한국 문단에도 서정주의 「자화상」이나 「화사」 등이 프랑스 상징주의 데카당스 보들레르적 어휘로 표현됨을 감안할 때 이 무렵 프랑스 상징주의가 끼친 영향은 자못 크다. 그러나 그 개인사의 넋두리가 아닌 일제 강점기 그 정신적 갈등은 일본이라는 대지주 밑에서 종살이하는 한국민 전체로 일반화한 것으로 '조그만 자기' 그 한계를 벗어난다.

감각적인 언어, 모순어법, 추한 것 속에서 아름다움을, 아름다움에서 추함을, 선에서 악을, 악에서 선을 총체적으로 보는 데카당스적 시안이다. 그렇다면 서정주가 오장환이 『성벽』이나 『헌사』 이후 스승 정지용보다 낫다고 표현한 오장환은 어떠한가. 오장환 역시 서정주의 보들레르적 속성이 『성벽』이나 『헌사』에 다분하다. 자칫 단어 의미상 퇴폐로 볼 수 있지만 문화 현상의 데카당스와 문학 현상의 데카당스로 구분할 필요가 있다.

오장환의 타고난 출신 성분을 차치하고라도 그는 시대적 배경 속에서 시대를 앞선 반시대적인 표상의 전형이라는 점이다. 정오의 사상가 니체의 영향을 받은 그야말로 이념과 시대를 향한 망치 든 전복의 철학자라고 할 수 있다. 파르테논 신전을 받친 대리석 기둥에서 원석을 보는 일, 그 것에서 다시 출발하는 인식 체계는 당시 데카당스 예술의 지향점이고 확장된 사유 탈근대, 탈가치, 탈중심을 지향하는 실존주의 철학가들의 사유체계였다. 오장환은 니체가 인간정신의 발전 3단계를 낙타⇒사자⇒어린이 단계로 설정했을 때 거시 권력의 you should에 그나마 사자단계를 지나는 I will의 반시대적 지식인일 것이다.

보이지 않는 권력, 빅브라더의 명령 "you should"에서 자유로울 수 있는 사람은 누구인가. 자본주의 구조에서 큰 욕망의 주머니를 트고 사는 한 이 명령에서 자유로운 사람은 없다. 보편 다수를 따르려고 하지 않는 인간은 편안함을 포기해야 한다. 오장환 역시, 오롯이 나 자신이 돼야 한다는 니체처럼 사회적 자아의 가면을 벗고 오로지 본래적 자기로 불편한 삶을 살다간 인물이다. 그러한 사조가 익숙지 않은 유교 나라에서 누구보다 많은 오해와 왜곡된 평가를 받은 인물이기도 하고 월북했다는 이유로 더 평가 절하된 시인이다.

오장환은 휘문고보 시절 15세의 나이로 1933년 《휘문》에 동시 「아침」과 「화염」을 발표하고, 동년 11월 《조선 문학》에 「목욕간」을 발표하면서 본격적인 작품 활동을 시작한다. 첫 시집으로『성벽』(1937)과 두 번째 시집인 『헌사』(1939)를 간행하고, 해방 이후에『병든 서울』(1946)과 『나 사는 곳』(1947) 등 두 권의 시집을 간행하였다. 제5시집인 『붉은 기』(1950)는 1947년 11월경 월북 후 북한에서 간행된 소련 기행 시집이다. 이 중 『성벽』과 『헌사』를 통해 문화현상으로서의 데카당스 양상과 문학현상으로서의 데카당스 특징을 발견할 수 있다. 한국문단에서의 데카당스 문학 연구는 왜 부재한가. 오장환 문학의 데카당스는 예술을 위한 예술 활동을 너머 시대 인식과 조응한 산물이다. 일제강점기의 고뇌하는 지식인으로서의 진보적인 활동이며 잘못된 가치를 배태한 시대와 사회·문화현상의 병적인 부분을 고발하여 새로움을 추구하려는 긍정적이고 진보적인 활동이다.

한때 시단의 문제시인, 천재시인이라는 상반되고 극적인 평가를 받았을 정도로 주목을 받던 오장환, 이제 그의 노래를 끝낼 때가 왔다. 오장환 시인은 세기 말의 부패와 퇴폐적인 데카당스 현상들을 문학적 주제로 차용하여 현상을 진단하고 새로움을 창조하려는 긍정적인 의미의 데카당스 시인이다. 그의 무덤가, 제대로 부르지 못한 그의 노래는 여전히 진행 중이다. 시대가 놓쳐버린 그의 예술혼의 진수에 음을 달고 날개를 달아 높이 날려야 할 때이다. 그가 못내 부른 나의 노래, 그 시대 우리의 노래를 다시 불러야 한다.

데카당스라는 용어에 묶여 단면적으로만 본다면 시대의 퇴폐적이고 병적인 소재를 끌어와 그 현상을 진단하여 새로움을 제시하려는 데카당스 문학 그 본질을 놓치고 만다. 오장환의 시와 산문을 총체적으로 살펴보고 나중에 밝힌 육필 원고 「황무지」를 통해 오장환이 한국 문단에서 데카당스 문학의 대표 시인이었음을 확인할 수 있다.

오장환이 문화현상으로의 데카당스를 이해하고 있었다는 구체적인 근거는 1937년 11월 『자오선』에 제3연에 발표되었던 「황무지」의 원본을 통해 알 수 있다.

> 숱한 절망과 무기력 속에 자타락의 술을 마시며 젊은 의지는 못 쓰는 기계와 같이 죽어버린다.
> 생산이 다량으로 되어 나오는 공장의 상품이여
> 경향이 다량으로 쏠리여오는 청년들의 데카단쓰여!
>
> —「황무지」부분

'모든생물은황무지에서출발하여황무지에로환원하였다.'라는 부제를 달고 있는 「황무지」는 세기말적인 총체적인 문화 현상과 프랑스의 역사적 사건들과 다량으로 생산되는 자본주의를 다룬다.

이 시는 1789년의 프랑스대혁명, 무차별적으로 개발되는 근대 문명의 현장, 산업화와 기계화로 무감각하고 무기력에 빠진 청년들, 타락과 향락이 만연한 문명세계, 과학이 낳은 폭력과 횡포, 상업 자본에 유입되지 못한 소외된 자들의 핍진한 삶, 다이너마이트를 활용한 개발과 위선적인 제국주의의 영토 확장, 저널리즘의 횡포와 강대국들의 비밀스런 교섭 장면들을 적나라하게 담고 있다. 「황무지」 4연을 통해 오장환이 세기말적인 문화 현상들인 데카당스를 이미 이해하고 있음이 확인된다.

데카당스 문학은 인간의 삶 가운데 몰락과 부패한 현상들을 제시하여 현상을 진단하고 새로움을 추구하려는 진보적인 개념을 담고 있다. 문명세계가 안고 있는 '풍요'와 '부패'라는 양면적인 측면들을 발견하여 '시대비판'을 통한 '새로운 가치창조'라는 긍정적인 의미를 지닌다. 신이 차지하던 자리에 창조적 주관자로서의 나를 강조하다보니 무질서적인 과격, 공포, 냉소, 추상성, 관념어들이 주요기제를 이룬다.

또한 역사, 전통, 신의 부정, 문명의 뒤 안, 죽음, 꿈 등을 소재로 다루기 때문에 비판, 반항, 부정, 파괴, 울음 등의 양상을 보이고 황혼, 허무, 퇴폐, 우울, 절망, 부패, 추악한 이미지들이 연상되기도 한다. 작품 배경으로는 연민을 느끼게 하는 역사적 사건들이 자주 선택되고 도시나 항구 등이 공간적 배경으로 등장한다. "데카당스 작가들은 당시 도덕관념의 잣대로 볼 때 타락한 부르주아 계층의 위선적인 행위를 고발하면서 적극적인 미의식을 추구해 나가는 인물들이며"[2] 위선적인 사회분위기에 반항하면서 자신의 내적 욕구와 본질적인 본능에 자유로운 인물들이다.

오장환 시의 데카당스는 "기독교적 윤리와 기독교적 규준, 부르주아 문명의 가치 규준이 통용되는 19세기 말~20세기 초, 자신들 사회의 속물성과 고정관념에 대항하는 시를 쓰는 보들레르와 랭보"[3] 등의 영향을 받는다. 그러나 오장환 시의 데카당스는 과학의 발달로 근대문명의 이중성과 제국주의의 영토 확장이 한창인 1930년대라는 세계인식에서 출발한다. 그리고 안으로 시선을 돌려서 위선적인 봉건 윤리에 대한 반발과 일제강점기라는 조국의 현실인식을 바탕으로 한 조국광복에 초점을 둔다.

오장환의 시는 단순한 세기 말적인 사조가 아니라 유럽의 보편적 데카당스 개념을 담고 있다. 표면적으로 세기의 종말과 파괴, 어두운 우수, 우울, 병적 낭만, 타락, 부패, 퇴폐, 절망, 죽음, 신의 부정 등 원색어 사용으로 '짙은 허무'를 나타내지만, 이면적으로는 잘못된 전통과 타의에 의해 이식된 근대 상업 자본에 대한 비판을 내포한다. 또한 전통

2) 한성철, 「1920년대 한국문학에 끼친 이탈리아 데카당스 영향 연구」, p.36.
3) 양애경, 「오장환 초기 시와 프랑스 상징주의 시 비교 연구」, p.308.

의 전면 부정이 아니라 전통 안에서도 기득권층의 옹호를 위한 잘못된 전통에 대한 비판이다.

이처럼 잘못된 전통으로 후진제국주의의 식민지가 되었다는 인식에서 출발한다. 그러면서도 일제 강점기의 젊은 지식인으로서 적극적으로 저항할 수 없는 행위는 '시대비판'에 따른 절망으로 점철되고 '자기파괴'와 새로운 가치 창조, 죽음의 향연과 초월 양상 등으로 나타난다.

오장환의 초기 시는 그가 데카당스 영향을 받은 보들레르와 랭보 시의 구조처럼 '현실에 대한 도피와 초월, 미지의 세계 탐구, 여행 벽 , 감각적 언어 사용'[4] 등을 이룬다. 그러나 오장환은 보들레르와 랭보가 '내면적인 고뇌'에서 머무를 뿐 '개인'을 뛰어 넘지 못하고 무기력과 절망으로 빠져드는 삶에 회의한다.

이후 오장환의 시는 위선적인 전통과 타락한 근대문명에 대해 절망하는 단계를 벗어나려는 노력을 보인다. 시대적인 절망에 머물러 있는 과거의 자신에 대한 자기반성과 함께 오장환 시의 데카당스 양상은 자기부정과 파괴를 통해 창조자아를 지향하는 구조 형식으로 바뀐다. 1937년 1월

---

4) 위의 논문, pp.314-315.

『조선일보』에 발표 한 「문단의 파괴와 참다운 신문학」에서 그 근거를 찾을 수 있다.

> 우리는 터무니없이 중압되는 현상에만 어지러워 실망, 아니 나아가서 절망이외에 희망과 반성을 가질 겨를도 얼마 있지는 않았다 절망! 그곳에서 더 나아가지 못하는 것은 굴종이나 자살이다. 나는 이 기회에 말하고 싶다. 이때까지의 나는 절망과 심연의 구렁에서 벗어나지 못하고 뜻 모를 비명을 부르짖는 청년이었다고 하나 나는 다시 희망을 갖는다. 그것은 내가 나의 습관 속에서 벗어나 참으로 인간의 의무를 알았기 때문이다. 이제부터라도 기꺼이 인간의 의무를 이행하기에 노력하겠다. 내가 이제부터 쓰려는 문학은 나의 의무를 위한 문학이다. 나에게 있어서는 이것이 진정한 신문학이라고 생각되고 또 이 길을 밟으려 한다.

인간의 의무를 이행하기 위한 다짐은 일제강점기의 막막한 현실 속에서 좌절되고 식민지 지식인으로서 어떠한 행동도 이행할 수 없음을 탄식한다. 일제강점기에서 죽음의 이미지와 황무지 외에 아무것도 발견할 수 없는 시인은 남보다 앞서 진보적인 행위를 하지 못하는 자신에 대해 회의

하고 죽음의 향연으로 빠져든다. 조국 해방을 위해 줄곧 불러온 노래는 돌아올 운명과 죽음에 대한 반주가 되게 할 것이라는 자학으로 표현된다. 식민지 현실에서 임화 식의 표현처럼 우리가 '조그만 자기'라는 곳을 탈출할 수 없는 데서 비극은 시작된다는 비관은 1939년 11월 『조선일보』에 발표한 그의 산문 「第七의 고독」을 통해 확인된다.

> 문득 나는 내 자신의 노래를 돌이켜볼 때 내 또한 눈물과 묘지와 비석과 더 나가서는 황무지 이외의 아무것도 찾을 수 없는데 악연(愕然)치 않을 수 없다. 다만 나의 노래는 천부의 내음새를 남과 함께 맡으며 어찌 한 번도 남 먼저 부르짖지 못하는가. 그저 비굴하게도 남과 함께 울었으며 남과 함께 호소할 뿐이었는가.
>
> …(중략)…
>
> 음악으로부터의 제휴 이것이 과연 내게 가능할 수 있다면 심연상(深淵上)에서 무답(無踏)하는 천재와 무릇 그를 좇는 우리의 환각(幻覺)을 위하여 나는 나의 돌아올 운명에 장엄한 반주를 하리라.
>
> —「第七의 고독」부분

오장환은 데카당스 시학의 특징인 '음악성'에 대해 끊임없이 고민해 왔고 일본 유학시절 번역 일을 통해 알게 된 러시아의 혁명시인 예세닌처럼 "모든 감동을 노래 속에 짜 넣으리라"고 다짐한다. 그러나 1945년 「예세-닌에 관하여」 역시집 후기를 통해서 그는 단지 자신의 생활이 없는 절망스런 시기에 병든 마음을 합리화시키려는 대상이었다고 토로한다.

> 그는 끝까지 도회의 시인이었으며, 도회의 말초적인 신경을 가진 데카당이었으며, 도회생활의 패배자로서 그의 어렸을 적 고향을 그리는 것이, 한 편으론 허물어져가는 전 사회의 외모와 그곳에 조차 나타나는 새 사회 의 악착같은 침투력에 소스라쳐 놀란 것에 부합 되었고, 또 이러한 것이 그의 불타기 시작하는 절망감에 기름을 부은 것이다.
>
> —「예세-닌에 관하여」부분

오장환은 자신이 한 때 사랑하였던 예세닌이 이사도라 덩컨과의 이별 후, 하는 일도 없이 음주와 마약에 빠져 절망적인 생활을 보내다가 자살로 그치자 도회의 말초적인 신경을 가진 데카당이며 패배자라는 혹독한 평가를 내린다. 예세닌이 "어렸을 적의 고향을 그리는 것은 새 사회의 악착같은 침투력에 다만 소스라쳐 놀란 것일 뿐이고" 우연하게도 그것이 데카당스 양상과 부합된 것이라는 비판이다. 오장환도 니체처럼 닿지 않는 어떤 것을 이루기 위해 죽을 힘을 다하다가 운명의 의지 앞에서 거꾸러지고 만, 사랑할 수밖에 없는 인간이다.

다수를 따르지 않으려는 인간은 편안함을 포기해야 하듯, 쇼펜하우어, 보들레르, 니체, 오장환 모두 시대 인식 속에서 각자가 되기 위해 절망했을 것이다. 이 후에도 오장환의 시론을 통해 데카당스 문학이 추구하는 의도를 명확히 인지하고 있음을 그의 시론 「조선 시에 있어서의 상징」을 통해 확인할 수 있다.

> 이 땅의 상징시가 소위 불란서에서 베를레느를 거쳐 말라르메가 주장한 형식의 완벽을 위한 심벌리즘이나 혹은 영국의 아서 시먼스가 보들레르의 영향을 받아 자국 내의 세기말의 일파와 행동한 그러한 상징의 세계와도 다른 것은 두말할 것도 없는 것이다.

> 그러나 이 땅의 시인은 누구 하나 상징의 세계의 핵심을

뚫은 이도 없었고 또 이 세계를 형상적으로 완성한 사람은 없다.

우리는 서구 상징주의의 정당한 해석과 소화를 그리고 조선 내에 있어서 상징세계의 필연성과 그 역할을 논의할 기회조차 없었으며 또한 다른 문예사조와 마찬가지로 깔고 뭉갠 것도 어찌할 수 없는 일이다. 어떠한 곡절을 거쳐서라도 19세기 말에 전 세계의 문학사상계를 휩쓸었던 세기말의 부패한 퇴폐사조와 여기에서 우러난 상징주의는 이 땅을 찾고야 말았을 것이다. …(중략)… 구라파의 상징주의는 그 당시 지배계급에 있는 부르주아지가 정신문화에서 벌써 그 진보적인 역할을 다하고 행동의 도피에서 오는 현상이었음에도 불구하고 이 땅에는 처음으로 눈뜨는 시민계급이 우선 그 기분적 상징세계에서 자기 위치와의 공감성을 발견한 것이었고 나아가서는 진보적인 청년들이 처음으로 어느 나라와도 비할 수 없는 후진제국주의의 식민지에서 정당한 자의사와 공통된 민족 감성을 걸고 나와 합법적으로 싸우는 데에 그 거점을 잡을 것을 알 수 있다.

그때는 아직도 우리 문단에 신경향파도 나올락 말락한 때

이니까 당시 상징파 데카당스 소개자 안서에게서 문학 수업을 한 그에게(소월) 무엇을 더 기대하겠는가.

전체로 도회 생활을 그리고 도회인의 말초신경도 날카로이 찍어낸 상화 씨는 그의 시세계가 다분히 도회적인 요소를 가져 자의식이 불꽃이 시시로 퍼뜩이는데 소월은 그것은 전연 없는 것이다. 소월뿐이 아니다. 대부분의 조선 시인들이 이 범주를 벗어나지 못한다.

—「조선 시에 있어서의 상징」 부분

오장환은 1921년 김억의 번역시집 『오뇌의 무도』가 서구 데카당스를 소개하고 번역함으로써 조선어의 구어적 음률과 리듬을 개척했다고 평가한 부분에서 당시 문단 상황에 능통하였음을 알 수 있다. 김광균은 1939년 《문장》을 통해 오장환의 첫 시집 『성벽』에서 보여주는 사랑스런 데카당과 좋은 풍속 묘사와 풍자에서 느끼는 신선한 스타일에서 헌사의 혼탁과 회의의 길에 여기 우리 젊은 시가 가진 여러 가지 문제가 임신되었다고 밝힌 바 있다.

오장환이 문학현상으로서의 데카당스를 수용하여 작품 속에서 변모시켜 나가는 과정을 그의 산문과 시론, 시 등을 근거로도 충분하다. 또한 그가 데카당스 시의 영향을 받은 보들레르와 랭보 시와의 유사점을 찾아내어 데카당스 문학을 수용한 과정은 자명하다. 보들레르와 랭보의 시를 통해 '시대비판'과 '절망'무질서 단계를 볼 수 있고 그 다음 자기부정과 파괴를 통한 가치창조를 지향하는 단계를 보인다. 죽음의 향연과 초월, 실존으로 넘어가며 다 부르지 못한 그의 노래는 데카당스 양상과 함께 끝을 보인다.

오장환 시인은 「문단의 파괴와 참다운 신문학」 산문을 통해 "그는 시인이다"와 "그는 인간이다"둘 사이에서 어느 것이 되겠느냐고 묻는 다면 서슴지 않고 나는 인간이 되겠다고 맹세한 바 있다. 문학을 위한 문학이 아니고 인생을 위한 문학을 하겠다는 문학적 소신이며 시작태도이다. 그러한 그가 아쉽게도 한국 문단에서 제대로 평가받지 못했다는 점이다. 한국문단에서 오장환 만큼 다양한 평가를 받은 시인도 드물다. 아니 제대로 평가받은 시인도 없을 것이다. 오장환은 아방가르드 시단의 선구자로 1930년대 서정주, 이용악과 함께 시단의 3천재라는 긍정적인 평가를 받은 인물이지만, 퇴폐 성향을 띤 문제 시인이라는 네거티브 평가가 대부분이다. 젊은 유학생들이 제3국 일본을 통해 그대로 유입한 서구문예사조는 제대로 이해되지 못하고 많은 오해를 낳았다. 평론가 백철은 데카당스décadence를 퇴폐주의로 번역하여 소개하면서 불안문학의 한 지류로 규정하였다. 이후 한국문단에서 데카당스는 세기말적인 현상이라는 부정적인 측면으로 인식되고 퇴폐적인 경향만을 의미하는 소극적인 평가를 받았다. 이와 같은 문단의 인식 지평 속에서 프랑스 데카당파 상징주의 시인 보들레르와 베를레느 역시 혹독한 비판을 받았고, 일본에서 사자업寫字業을 통해 그들의 영향을 받은 오장환 시의 데카당스도 퇴폐적인 것으로 평가받았다.

다소 지엽적이지만 혼돈 속에서 새로운 가치 추구에 주목한 연구라든지 오장환 시의 데카당스에 가장 근접한 연구들도 있어 그나마 다행이다. 이외에도 데카당스에 대한 단편적인 언급들이 간혹 있지만 문화현상으로만 그칠 뿐 데카당스 문학으로 확장하지 못한 아쉬움이 있다.

퇴폐적인 요소를 부각시키는 연구는 오장환의 시를 이상의 「날개」와 같은 범주의 퇴폐적인 문학으로 간주하고 자기분열과 우울 가득한 작품이라는 서인식의 평가도 있다. 이 연구는 당대의 문단 인식 지평에서 주류를 이루는 전형적인 평가라고 할 수 있다. 그러나 1930년대 감상적이고 퇴폐적 경향을 보이는 작가들 중에서 한국의 시단에서 오장환 만큼 중요한 인물은 없다. "그의 시는 근대자본주의 붕

괴에 따른 비합리적 혼돈상태와 이성적 법칙의 회의에서 시작된 데카당한 경향을 보여준다."는 신범순의 평가는 다소 데카당스 문학의 긍정적인 물꼬를 터놓았다. 그 후 오장환 시의 영향관계에 주목하면서 퇴폐적 요소의 원천을 찾아들어간 김학동의 연구는 오장환의 데카당스 문학으로 안내하는 이정표다. 전통의 거부반응과 퇴폐미의 시학에 대해 분석함으로 프랑스 상징주의 시인 보들레르의 죽음 및 원죄의식, 병적 관능과 악마주의 영향을 제시하며, 러시아의 혁명시인 예세닌의 영향관계도 밝힌 고증 자료였다.

그러나 오장환 시의 데카당스가 '조그만 자기'에서 벗어나 새로움을 지향하는 과정에서 나타나는 페이소스이며 데카당스 문학의 이미지임을 밝히지 못한 아쉬움을 남겼다. 그런 까닭에 오장환 시는 퇴폐적인 경향의 문학으로 평가되거나, 데카당스 시의 구조를 파악하였음에도 불구하고 그것을 종합적으로 인식하지 못하고 흉내 낸 시인이라는 소극적인 평가에 머물렀다.

다소 지엽적이지만 혼돈 속에서 새로운 가치 추구에 주목한 연구가 있다. 오장환의 초기 시집 『성벽』이 우리 시단에서 처음으로 현대인의 어두운 숙명을 노래한 새로운 서정시의 등불이었다고 평가함으로써 오장환 시의 특성을 데카당스에 가깝게 접근한 연구이다. 오장환이 일제강점기라는 조국의 현실인식을 바탕으로 한 시인이라는 단초를 제시함으로 데카당스 시의 긍정적인 평가를 가능하게 한 평가이다. 그러나 오장환의 그런 면모를 새로운 서정시를 시도한 등불로 귀결시킴으로 데카당스 주제인 '전통과 문명'즉 '시대비판'에서 연상되는 죽음 이미지와 악마주의 등 어두운 정서를 제대로 읽어내지 못하는 한계를 드러냈다. 데카당스 시인들은 현상을 진단하여 새로움을 제시하는 진보적인 인물들임을 감안할 때 오장환 만큼 역사의 탁류를 잘 표현한 시인도 없다는 김동석의 평가는 다소 희망적이다. 오장환은 풍요와 부패를 이루는 인류 문명사의 탁류 속으로 들어가 혼탁하고 어두운 부분을 읽어낸 탁류의 시인임에는 분명하다. 그러나 대부분의 평가들은 혼탁한 현상을 진단하여 새로운 가치를 모색하는 방법론이 데카당스 문학의 주제로까지는 접근하지 못하였다.

가까스로 희망적인 것은 오장환 시를 데카당스로 본 가장 근접한 연구이다. 양애경은 오장환 시의 특징을 세기말적인 사고법과 취향을 나름대로 변형하여 보들레르와 랭보적인 전통 부정의 반항의식, 여행벽, 육체 또는 감각지향성을 띤다고 평가함으로 데카당스 문학으로 가깝게 접근

했다. 데카당스의 주제인 전통과 문명, 시대비판을 오장환 시의 핵심으로 판단함으로써 데카당스 시의 실상에 가장 근접한 평가라고 할 수 있다. 그러면서도 세기말적인 사고법이나 취향일 뿐이라는 평가와 오장환의 시 속에서 유사한 구절을 찾아내기가 어렵다는 주장으로 그쳤다. 이것은 문화현상으로서의 데카당스와 문학현상으로서의 데카당스를 혼재하여 인식하는 과정에서 기인한 결과라고 할 수 있다. 세기말적인 문화현상과 데카당스 문학을 구별하여 이해한다면 어렵지 않게 데카당스적인 요소를 발견할 수 있다. 이와 같은 입장에서 오장환의 『성벽』에 나타나는 산문성의 특성을 엘리엇이나 스펜더에게서 배운 장시를 접목시킨 것으로 이해하고, 어설픈 국외 시의 모방을 극복하기 위해 가락이나 '음악성'을 확보해야 했다는 일부 평가는 데카당스 문학의 특성 중 하나인 음악성을 간과한 시각이다. 장시 형태의 산문시는 오장환이 영향을 받은 데카당스 시인 보들레르와 랭보의 시에도 다량으로 나타나고 '음악성' 또한 베를레느의 데카당스 시학에서 중요시하는 요소이다.

이 외에도 데카당스에 관해 단편적인 언급을 한 연구로는 1920년대 초 시인들이 상징주의나 데카당스를 받아들이며 세기말적 애상과 죽음에 대한 동경에 빠진 것이라는 곽명숙의 평가와 문학현상으로서 현실을 도피하는 '데카단'으로 바라보는 윤규섭의 시각을 들 수 있다. 그러나 이들은 문학현상으로서의 데카당스는 세기말적 현상과 현실의 부정적인 면모를 진단하는 과정에서 나타나는 우울한 정서와 관찰자의 시각으로 '안'과 '밖'을 살피는 과정에서 나타나는 이방인의 페이소스임을 간과했다.

이와 같이 오장환에 대한 본격적인 데카당스 연구는 부재하지만 문화현상을 의미하는 데카당스와 문학 현상으로서의 데카당스가 연구자들의 인식 속에 혼재되어 있는 평가가 대부분이고 데카당스에 대한 정확한 인식을 토대로 한 연구와 평가는 찾아볼 수 없다.

오장환의 문학의 데카당스 언급은 퇴폐적 경향에 관한 논문이나 데카당스에 관한 단편적인 언급이 대부분이다. 일본을 통해 한국 문단에 들어온 데카당스는 문화와 문학으로의 데카당스를 총체적으로 인식하지 못하여 여전히 미궁에 빠져있다. 오장환이 일본 유학시절 당시 다자이 오사무(1909~1948)라는 작가를 알고 있었는지는 확인할 바 없다. 다자이 오사무는 전후 혼란기 기존 가치와 삶의 방식, 문학에 반발한 일본 데카당스 문학의 선구자이다. 그의 대표작

『인간실격』은 퇴폐적이고 타락한 생활을 영위하며 현실 세계와 융화되지 못하고 방황하는 청년상이다. 주인공 오바 요조는 여러 번의 실패와 좌절을 겪으며, 알코올과 마약에 의존하며 사회로부터 소외되고 자신의 인간적 가치와 존재 의미마저 상실한 인간 실격자로 전락한다.『인간실격』은 자기 소외와 자아 상실, 고독과 절망, 인간 존재의 본질 등 현대 사회의 인간 소외와 정체성을 깊이 있게 탐구한 작품으로 여전히 스터디 셀러이다. 다자이 오사무의 자전적 소설 격으로 작가 역시 그 소설의 주인공 요조처럼 '지금 여기'를 뛰어넘지 못하고 당시 38세 젊은 나이에 동거 중인 야마자키 도미에와 미타카의 다마 강에 투신한 아쉬움을 남긴다. 1948년에 이 작품이 발표되고 같은 해에 작가도 운명을 달리 했으니 1951년에 사망한 오장환과의 영향관계는 작품 활동과 그 시기를 계산할 때 밝히기는 힘들다.

그러나 데카당스의 한 양상인 퇴폐에만 초점을 맞춘다면 한국문단의 데카당스 문학은 여전히 미온적인 상태로 머문다. 역사적 사건을 기반으로 한 데카당스 개념과 문학 개념의 데카당스를 제대로 이해할 때 우리는 비로소 시단의 천재시인, 오장환을 새롭게 만날 것이다.

1. 시대비판과 절망 – 위선적인 전통과 문명 비판

세세전대만년성하리라는 성벽은 편협한 야심처럼 검고 빽빽하거니 그러나 보수는 진보를 허락지 않아 뜨거운 물 끼얹고 고춧가루 뿌리던 성벽은 오래인 휴식에 인제는 이끼와 등넝굴이 서로 엉키어 면도 않은 터거리처럼 지저분하도다.

—「성벽」 전문

어디를 가도 사람보다 일 잘하는 기계는 나날이 늘어나가고, 나는 병든 사나이. 야윈 손을 들어 오랫동안 타태(惰怠)한 무기력을 극진히 어루만졌다. 어두워지는 황혼 속에서, 아무도 보는 이 없는, 보이지 않은 황혼 속에서, 나는 힘없는 분노와 절망을 묻어버린다.

—「황혼」전문

세세토록 영원무궁할지라던 전통의 가치관, 그 기름진 가치를 두르던 옹골진 성벽이 와해된 자리에 또다시 들어찬 부패한 가치, 이에 대한 시대비판이며 절망이다. 그러한 기존질서로부터의 일탈은 무질서로 나아가며 보들레르식 댄디즘으로 발현된다. 일제 강점기 잘못 이식된 자본주의적 근대화 과정의 도시 비판, 그 속에서 자유로울 수 없는 소외된 민중, 낙타로 살며 끊임없이 자본의 부속품과 노예로 살아야 하는 인간 존재에 대한 연민이다. 이식된 자본주의 근대화 과정에서 물신화한 도시의 하부구조와 상부구조에 대한 양면 의식을 보면 반봉건과 반전통 식민지 근대문명에 대한 시대비판 의식을 지닌 오장환, 그를 생물학적 서자 의식의 발로라는 개인사로 평가 절하할 인물은 절대 아니라는 기본 인식으로 출발해야 한다.

데카당스 문학은 현상의 이중 구조를 바라보면서 '지금 여기'와 '저기 저곳'을 관찰하는 역할을 한다. 20세기 초 프랑스 문단의 기욤 아폴리네르는 모든 아방가르드 운동에 참여하고 시의 새로운 분야를 튼 인물이다. 그는 시인을 '다리위에서 양쪽을 살피는 관찰자'[5]라고 비유하고 '이곳'과 '저곳'을 근접시키고 비인간화 혹은 퇴폐적으로 흘러갔던 문학을 삶과 현실에 밀착시키려고 노력했던 인물이다. 당시 문화와 문학의 데카당스를 제대로 구분하지 못한 채 혼

5) 이진성,『프랑스 시의 배경과 전개』, 연세대 출판부, 2002, p.108.

재하여 흐르는 퇴폐 성향에 대한 질타인 듯하다. 데카당스 문학은 사회의 부정적인 요인들을 주제로 삼아 문제점을 발견하여 새로운 시대를 제시한다. 문화현상인 데카당스를 극복하고 인간의 발전적인 방향을 제시한다. 즉 '진보적 지식인의 고뇌'활동이라고 할 수 있다.

오장환의 초기 시는 잘못된 전통과 일제에 의해 유입된 상업 자본주의, 비만화된 문명세계에 대한 비판이라는 데카당스 양상이 보인다. 부정과 우울, 자기파괴가 직정언어를 통한 감각적 관능으로 표현되면서 새로운 길 찾기의 구도로 진행된다. 그렇기 때문에 기존 낭만주의 순수문학에 상치된 어휘들과 소재들이 등장하면서 파격적인 시 형식을 띤다.

초기 시 중 장시 「전쟁」과 「수부」, 첫 시집 『성벽』에 수록된 「성씨보」, 「해항도」, 「매음부」 등을 중심으로 보들레르와 랭보의 시를 비교할 때 '시대비판'과 '절망'이라는 무질서 단계로 나아가는 데카당스 양상을 보인다.

오장환의 데카당스 총론이라 할 수 있는 '총이웃는것은 전쟁자신이시인이기때문이다.'라는 부제를 달고 있는 「전쟁」은 미발표 유고로 전해지다가 1990년 7월 《한길문학》에 게재된 작품이다.

장시 「전쟁」은 '한국문학사상 모더니즘계 장시의 첫 번째 작품'이며 아방가르드 수법을 완결된 형태로 하나의 작품에 응결시켰다는 점에서 큰 각광을 받는다. 시의 내용 중에 '천재 시인 16세 소년'이라고 밝힌 것으로 보아 「전쟁」은 1933년 作으로 추측된다. 이 시는 오장환 시인의 총체적인 면모를 살필 수 있는 데카당스 양상을 보이는 「서시」로 볼 수 있다.

장시 「전쟁」은 전쟁의 발발과 전쟁의 폭력성, 전쟁을 보도하는 무덤덤한 저널리즘의 행태, 제국주의의 살상무기와 비윤리성, 비틀린 근대문명의 물결이 시인의 희화화로 열거된다.

628행으로 이루어진 「전쟁」은 "제국주의에 의해 당시 수행되고 있던 광란의 전쟁과 그 착란된 시대에 의해 전방이든 후방이든 붕괴되어 가는 인간의 모습이 근원적 주제를 이루면서 식민지 상황의 구체성을 보여준다."[6] 결국 전쟁을 키우는 속성을 지닌 과학에 대한 비판이라고 할 수 있다. 과학의 발달은 풍요와 함께 이기적인 속성을 병행한다. 이러한 문명의 이중 구조 속에서 부정적인 요인을 찾아 현

---

6) 도종환, 「오장환 시 연구」, 충남대학교 대학원 박사논문, 2006. p.61.

상을 진단하여 그 원인을 규명하고자 하는 것은 데카당스 문학의 한 양상이다.

이 중에서 오장환의 시대 인식을 살펴 볼 수 있는 대표적인 행을 찾아 데카당스 양상을 살펴보면 다음과 같이 나타난다.

① 선전포고

~~~~~~~~~~~~~~ㅈ ㅓ ㄴ ㅍ ㅏ

어린애 키우는 집의 강아지 같은 시인.

전쟁의 주권을 팔고 사는 고전적이 못 되는 실업가.

박쥐의 나래. 즉. 쥐의 나래.

JERNFFA ~ ~ ~ ~ ~ ~

《이제 도서관을 갉아 먹는 역사가는 백지의 처녀성을 유란할 것이다.》

② 「사군자」를 좋아하는 아저씨는 「사군자」를 알지 못한다.

아저씨는 지저분하게 흐트러진 활자 속에서 전통을 찾을 수 있느냐?

③ 초병도 과학의 위대성만은 시대성만은 똑똑히 알고 있다.
~~~~~~~~~~~~~~

④ 이브는 나어린 아담을 이기었다.

⑤ 황혼의 장례식을 거행한다.

⑥ 루—쏘가 참회록을 정정하겠느냐?

⑦ 나도 히틀러쯤은 될 건데, 아서라 — 총 한방에 파울일 세.

〈열혈의 애국청년〉 해골과 해골의 대화

⑧ 죽음은 비료다.

그렇다! 비료가 잘 썩기를 바라는 것은 밀려오는 시대성, 현실성이다.

⑨ 미련한 바다는 뱃가죽을 출석 거린다.

⑩ 쩌- 내리즘의 난산.

⑪ 꿀 독에 빠져 죽는 사람이 행복이냐. 훈장을 차고 죽는 놈이 행복이냐.

⑫ 배암은 개구리를 넣고도 군소리를 하는 놈이야!

⑬ 애기는 다시 전쟁을 하기 전까지는 행복될 것이다.

〈전쟁이란 동물은 반추하는 재조를 가졌다〉

—「전쟁」 부분

장시 「전쟁」은 전쟁이 시작됐음을 알리는 '선전포고'로 시작된다. ①은 전쟁이 시작되었는데도 '어린애 키우는 집의 강아지 같은' 감상에만 머무는 시인과 전쟁 속에서도 자신의 이해타산만 챙기는 실업가에 대한 풍자와 조롱이다. 이러한 비유는 상황과 잇속에 따라 행동을 바꾸는 박쥐나 쥐로 표현된다. 시인을 전쟁이라는 엄청난 상황 속에서 세상 물정 모르고 감상적인 시나 쓰는 유약한 존재라는 표현은 보들레르의 특성으로 「신천옹L'Albatros」과 유사하다. 시인은 더럽고 추한 현실에서 깨끗한 영혼과 순수를 지닌 존재라는 역설적인 표현이다. 데카당스 문학에서는 작가나 시인을 도덕적으로 깨끗한 존재로 평가하는 경향이 있다. 반면 이러한 시인과 달리 전쟁이라는 상황 속에서도 장사치의 근성을 보이는 위선적인 인물들에 대해서는 "전쟁의 주권을 팔고 사는 고전적이 못 되는 실업가"로 야유한다. '도서관을 갉아 먹는 역사가'에 의해 왜곡되는, 즉 역사적인 사건마저도 제대로 서술하지 않는 위선적인 행동들에 대한 비판 의식이다. '왜곡된 역사'에 대한 비판이나 '과학'이 키운 '시대성에 대한 분석과 비판'은 데카당스 양상의 주요 특징이다. 생동감 있는 장면을 연출하거나 강조하고자 할 때 오장환은 내재적 운율이나 음악적인 장치를 인위적으로 설정하는데 이러한 특징(JERNFFA~~~~) 은 데카당스 시에서 보이는 음악적 장치라고 할 수 있다.

②는 전쟁이라는 상황 속에서 묵묵히 자신의 행위를 계속하는 인간의 이기적인 속성과 위선적인 행위에 대한 비판적 인식이다. 사군자가 무엇인지도 모르면서 '사군자를 좋아하는 집안 아저씨'는 명분과 허위의식에 가득한 봉건적인 인물을 말한다. 시대가 바뀌었는데도 복잡하게 얽혀 있는 신문 속에서 전통을 찾으려고 하는 유교적 인물에 대한 비판이다. 전통과 역사 인간의 이기적인 속성과 위선적인 것들에 대한 비판의식은 데카당스 문학의 한 특징이다. 데카당스 문학은 기존의 전통을 부정하고 새로움을 추구하려는 특성을 지닌다.

③은 애국이라는 이데올로기 속에 징집된 초병도 최첨단 살상무기들이 오가는 전쟁의 현장에서 과학의 폭력성과 전쟁할 수밖에 없는 이치들을 정확히 알고 있다는 비판적인 분석이다.

전쟁을 통해 과학의 속성을 진단하고 과학이 낳은 이기적인 산물과 전쟁이라는 부정적인 요인을 찾아내는 것은 데카당스 시의 주요 특징이다.

④는 참혹한 전쟁의 참상 속에서도 인간의 본질적인 본능은 깨어 있어서 이성에 대한 그리움을 떨치지 못한다는 의미이다. 여자에 대한 향수를 떨치지 못해 총을 버리겠다

는 의지이다. 그리하여 "이브는 나이 어린 아담을 이기었다"는 식으로 표현된다. 구약성경 속의 인물인 '이브'는 하나님이 아담의 갈빗대 하나를 뽑아 만든 최초의 여자이다. 뱀의 유혹으로 선악과를 따먹은 이브는 남편 아담을 꾀어 같이 먹게 하자 하나님의 진노를 사서 에덴동산에서 추방당한다. 데카당스 시는 인간의 본질적 본능을 자유롭게 표현하는 특징을 갖고 있다. 그런 이유로 여자들이 성적인 대상으로 자주 등장하게 되고 때로는 이브처럼 악한 인물로 그려지거나 힘을 가진 초인으로 표현되기도 한다.

⑤는 수없이 오가는 포탄 속에서 수북하게 쌓이는 시체들, 누구도 거두지 않는 버려진 주검을 울음에 체한 기러기 떼만 몰려와 황혼 무렵에 장례를 치러준다는 의미이다. 시체, 장례식장과 같은 죽음 이미지와 '황혼 무렵'과 같은 어두운 이미지는 데카당스 시의 특징이다. 인간의 본질적인 문제나 삶의 부조리한 면모를 다루기 때문에 데카당스 시에서 연상되는 이미지는 우울한 색채가 주조를 이룬다.

⑥은 인간의 비정함을 보고도 "루소가 참회록을 정정하겠느냐"는 반어적 표현이다. 인간의 위선적인 행위와 비인간성에 대한 비판이라는 데카당스 시의 주요 특징이다.

⑦은 '열혈 애국청년'이라는 훈장을 가슴에 차고 전사한

병사들은 죽어서도 히틀러가 되지 못함을 아쉬워한다는 의미이다. '명예로운 죽음'으로 애국청년이라는 훈장을 다는 것을 영광스럽게 생각하는 명분의식에 대한 비판이다. 인간의 허황된 의식에 대한 신랄한 비판은 데카당스 시의 주요 특징이다.

⑧은 '죽음'은 끝이 아니라 또 하나의 '생'을 살리는 비료가 된다는 의미이다. 데카당스 시에서는 죽음이 제재로 많이 쓰이기도 하지만 죽음을 끝으로 보는 것이 아니라 새로운 가치를 창출해 내기 위한 시작으로도 보고 있다.

⑨는 과학문명의 발달로 비만해진 바다는 미련스럽게 뱃가죽을 출석 거린다는 비유이다. 데카당스 시에서는 도시와 바다가 주 무대를 이룬다. 그러나 일반적인 시의 특성과 달리 '바다'는 희망의 장소가 아니라 부패한 현상들이 집결되어 있는 죽음의 공간으로 표현된다.

⑩은 사건 사고를 정확하게 전달해야 할 신문이나 방송이 강대국의 잇속과 영합하여 간계를 벌이고 위선적인 행위를 펼치는 장면에 대한 조롱과 야유이다. 데카당스 시인들은 위선적인 행위를 극대화하여 표현하는 과정에서 '쩌-내리즘의 난산'과 같은 육체지향적인 언어로 감각화하고 희화화시키는 특징이 있다.

⑪은 훈장을 차고 죽는 것보다 꿀 독에 빠져 죽는 것이 오히려 더 행복하다는 의미이다. 힘없는 사람들을 전쟁터로 유인하여 훈장이란 명분을 주지만 죽고 나면 아무것도 소용없다는 비판의식이다. 허영이 깃든 명분의식에 대한 비판은 데카당스 시의 주요 특징이다.

⑫는 '뱀'은 데카당스 시에서 자주 쓰이는 제재이다. 데카당스 시는 기본적으로 '신에 대한 부정'에서 출발한다. 그렇기 때문에 데카당스 시인들은 원죄의식의 악신들인 '뱀Satan'과 이브, 카인에 대한 동정심을 갖는다. 그러나 여기에서는 제 먹을 것을 다 챙겨 먹고도 잘못됐다고 트집 잡는 제국주의의 속성과 인간의 속성으로 비유되고 있다.

⑬은 '애기는 다시 전쟁을 하기 전까지는 행복할 것이지만, 전쟁이란 동물은 다시 반추하는 속성을 지녔다'는 불확실성의 행복으로 표현한다. 여기서 '애기'는 유약한 시인을 의미한다. 시인을 천재로 보는 보들레르처럼 결국 오장환도 그가 감상적이고 유약한 존재로 보는 시인을 세상의 때가 묻지 않은 순결한 존재로 본다. 오장환이 시인을 천재로 보는 것은 시인의 역할이 세상의 추악함과 위선적인 것을 진단하는 도덕적이고 진보적인 역할을 하기 때문이다. 이와 같이 데카당스 시인들은 현상과 이면을 동시에 보는 사

람들이며 번영과 진보가 낳은 부패한 현상들을 제시하여 새로운 가치를 추구하는 진보적인 사람들이다. 새로운 가치창조는 이전의 갖고 있던 틀에서 벗어날 때 시작된다.

장시 「전쟁」은 제국주의 침략전쟁에 대한 반대와 전쟁의 비참한 현실에 대한 폭로이다. 오장환은 「전쟁」을 통해 전쟁의 실상을 적나라하게 폭로하고 비인간성을 고발한다. 전쟁터로 젊은이들을 유인하는 이데올로기의 허상과 비윤리성을 적나라하게 파헤친다. 전쟁은 경제적인 이유 때문에 시작되었다는 사실을 간파해 내며, 이러한 상황을 보도하는 왜곡된 저널리즘의 과장된 모습을 풍자와 알레고리의 형식으로 구사한다. 그러면서도 '인간은 동물처럼 반추할 수 있다'는 점을 들어, 전쟁은 되풀이되는 속성을 가졌다고 비판한다. 일본을 비롯한 세계 제국주의의 침략전쟁이 전 세계를 전쟁터로 만들어 가던 시기에 반전의식과 반제국주의 인간 존중, 생명 존중을 주제로 시를 쓴다는 것은 오장환의 시세계가 세계를 초점으로 하고 있음을 알 수 있다.

「전쟁」은 전체적으로 절망, 향수, 황혼, 역사, 전통, 부정, 파괴, 죽음 등이 조롱과 야유 형식으로 나타난다. 장시 「전쟁」은 데카당스 문학에서 나타나는 주제와 분위기가 총체적으로 집합된 시다. 이러한 방식은 고전적인 윤리에 기초한 기존의 틀을 벗어나려는 보들레르적 데카당스 속성으로 다음과 같은 공통점을 지닌다.

① 육체를 이용한 감각적 언어 사용

'미련한 바다는 뱃가죽을 출석 거린다.'

② 관념어 나열

'훈장을 차고 죽는 놈이 행복이냐.'

③ 사탄의 원형

'배암은 개구리를 넣고도 군소리를 하는 놈이야.'

④ 추상성

'애기는 다시 전쟁을 하기 전까지는 행복될 것이다.'

'전쟁이란 동물은 반추하는 재주를 가졌다.'

⑤ 음악성

'~~~~~ㅈ ㅓ ㄴ ㅍ ㅏ/JERNFFA~~~~~~~'

위와 같이 오장환의 초기 시의 주제 '시대비판'과 '절망'은 기존 가치에 반발하여 무질서로 나아가며 보들레르나 랭보와의 연관성을 배제할 수 없다. 「성씨보」와 같은 전통에 대한 시들의 기저는 봉건적 인습에 대한 비판 의식을 담고 있다.

> 내 성은 오씨, 어째서 오가인지 나는 모른다. 가급적으로 알리어 주는 것은 해주로 이사 온 일청인이 조상이라는 가계보의 검은 먹글씨. 옛날은 대국숭배를 유심히는 하고 싶어서, 우리 할아버지는 진실 이가였는지 상놈이었는지 알 수도 없다. 똑똑한 사람들은 항시 가계보를 창작하였고 매매하였다. 나는 역사를, 내 성을 믿지 않아도 좋다. 해변가로 밀려온 소라 속처럼 나도 껍데기가 무척은 무거웁고나. 수통하고나. 이기적인, 너무나 이기적인 애욕을 잊으려면은 나도 성씨보가 필요치 않다. 성씨보와 같은 관습이 필요치 않다.
>
> —「성씨보」 부분

'오래된 유습 — 그것은 전통을 말함이다.'를 부제로 하는 「성씨보」는, 위선적인 족보에 대한 부정이며 계급구조에 대한 비판이라고 할 수 있다. 오장환의 시 「종가」나 「정문」 등에도 나타난다. '성벽'은 기득권층의 옹호를 위한 하나의 상징으로 볼 수 있다. 이러한 유교적 이념의 허위의식과 명분의식은 전통 비판이라는 데카당스 문학의 특징이다. 상징파 데카당스 보들레르와 랭보는 '기독교의 윤리와 관습에 대한 파괴'로부터 출발한 자유로운 정신의 시인들이다. 랭보의 「나쁜 혈통」은 7연으로 된 장시 형태를 이루고 있으며 오장환의 장시 「전쟁」과 유사하다.

> 나는 내 갈리아 선조들로부터 푸르고 흰 눈과 좁은 두개골과 싸움에서의 서투름을 물려받았다. 내 옷차림은 그들의 옷차림만큼 야만스럽다. 그러나 나는 머리칼에 버터를 바르지는 않는다.
>
> …(중략)…
>
> 내가 언제나 열등한 종족이어 왔다는 것은 매우 분명하다. 나는 항거를 이해할 수 없다. 내 종족은 약탈하기 위해서만 봉기했다. 늑대들이 스스로 죽이지 못한 짐승에 대해 그렇게 하듯이.
>
> — 랭보, 「나쁜 혈통」 부분

「나쁜 혈통」은 랭보의 총체적 면모를 살필 수 있는 시의 총론으로 볼 수 있다. 랭보의 혈통 비판이 기질적인 혈통에 대한 부정으로 생물학적인 것에 있다면, 오장환의 혈통 비판은 위선적인 봉건사회제도에 대한 비판을 담고 있다. 따라서 오장환의 전통 부정은 전면 부정이 아닌 잘못된 전통과 관습에 대한 비판적 리얼리스트로서의 인식이라고 할 수 있다. 즉, 기득권층의 잘못된 '성벽 고수'와 체제의 안일로 조국이 후진제국주의의 침략을 받게 되었다는 현실 인식을 기본 바탕으로 한다.

이러한 시대 비판의식은 같은 해 11월에 쓴 「수부」를 통해서도 살필 수 있다. 장시 「수부」는 상업 자본주의화 하는 식민지 근대 도시 서울에 대한 비판을 중심 내용으로 하고 있다. "식민지의 기형적인 자본주의화는 농촌에서의 삶을 뿌리 채 뽑았고"[7] 농토와 삶의 터전을 잃은 유랑민들은 상업화된 도시로 유입되었다. 그러나 그 곳에서도 또 하나의 계급구조를 이루며 주변인으로 살아가는 불평등에 대한 폭로이다. 노동자와 부랑자들의 시체 타는 소리로 번성한 수부, 기계와 무감각을 즐기며 인공 도시를 숭배하는 시민들을 묘사하며 시적 화자는 상업화된 인공 도시에서 죽음의 그림자를 발견한다. 노동자와 부랑자들 같은 주변인들, 기계화로 무감각해가는 시민들을 통해서 근대 문명이 낳은

7) 이미순, 「오장환 시에서의 '고향' 의 의미화 과정 연구」, 『한국시학연구』17호, 2006, p.101.

이중 구조의 양면성을 발견하고 화려한 모습을 하는 수부 안에서 여러 가지 병적인 현상들을 짚어낸다. 일제에 기생하며 살아가는 부패한 상류계층에 풍자와 소외된 사회적 약자에 대한 동정이 나란히 제시되고 있다. 근대 문명의 이중성과 위선적인 인간의 삶, 인간의 추함과 결함까지도 솔직하게 드러내는 데카당스 양상을 보인다.

(1장) -서장(일제 강점기 소시민의 고통)

수부의 화장터는 번성하였다.

산마루턱에 드높은 굴뚝을 세우고

자그르르 기름이 튀는 소리

시체가 타오르는 타오르는 끄름은 맑은 하늘을 어질러 놓는다.

시민들은 기계와 무감각을 가장 즐기어한다.

금빛 금빛 금빛 금빛 교착되는 영구차.

호화로운 울음소리에 영구차는 몰리어가고 쫓겨 간다.

번잡을 존숭하는 수부의 생명

화장장이 앉은 황천고개와 같은 언덕 밑으로 시가도는 나래를 펼쳤다.

1장은 전체 장의 서장이다. 밀물처럼 밀려들어온 일제강점기 이식된 근대문명 속에서 무감각하게 마비된 일상을 꾸려가는 수도 서울의 소시민들, 나아가 질척한 근대의 늪에서 한국인의 고통과 절망과 소외 내부를 처절히 보여주고 인간 존재의 본질을 성찰하는 데카당스 문학의 면모를 자세히 드러낸다.

(2장) -경제적 측면

덜크덩덜트덩 화물열차가 철교를 건널 때

그는 포식하였다.

사처에서 운집하는 화물들

수레 안에는 꿀꿀거리는 도야지 도야지도 있고

가축류-식료품,-원료, 원료품. 재목 아름드리 소화되지 않은 재목들-

석탄-중석-아연-동, 철류

보따리 멱대기 가마니 콩 쌀 목화 누에고치 등

거대한 수부의 거대한 위장-

관공용의

민사용의

적행낭-우편물-

묻어 들어오는 기밀비, 운동비, 주선비, 기업비, 세입비
수부에는 변장한 연공품들이 낙역하였다.

(9장) -정치·문화적 측면
수부는 어느 때 시작되고 어느 때 그치는 것이냐!
카페와 빠는 나날이 늘어가고
제비처럼 날씬한 예복-
대체 이놈의 안조화폐들은 어디서 만들어내는 것이냐!
사기-음모-횡령-매수-중혼……
돌이킬 수 없는 회한과 건질 수 없는 비애
퇴폐한 절망에 젖은 대학생들-
의사와 의학사
너희들은 푸른 등불 밑에서 무슨 물고기와 같은 우수들이냐!

(10장)
대체 저널리즘이란 어째서 과부처럼 살찌기를 좋아하는 것인가!
광고-광고-광고-화장품, 식료품
범람하는 광고들

메인 스트리트 한낮을 속이는 숙만한 메인 스트리트
이곳을 거니는 신상들은
관능을 어금니처럼 아낀다
밤이면 더더더욱 열란키를 바라고
당구장-마작구락부-베비, 골프
문이 마음대로 열리는 술막-
카페-빠-레스토랑-차완-
젊은 남작도 아닌 사람들은 왜 그리 야윈 몸뚱이로 단장을 두르며
비만한 상가, 비만한 건물, 휘황한 등불 밑으로 기어들기를 좋아하느냐!
너는 늬 애비의 슬픈 교훈을 가졌다
늬들은 돌아오는 앞길 동방의 태양-한낮이 솟을 제
가시뼉다귀 같은 네 모양이 무섭지 않니!
어른거리는 등롱에 수부는 한층 부어오른다

(11장) -종장(일제 강점기 비만한 수부)
수부는 지도 속에 한낱 화농된 오점이었다
숙련하여가는 수부-
수부의 대확장-인근 읍의 편입

장시 「수부」는 '수부는 비만하였다. 신사와 같이'라는 부제를 통해 알 수 있듯이 상업자본주의 수도 서울에 대한 비판으로 근대 도시의 위선과 부패, 비만성에 대한 폭로이다. 실제로 「수부」 발표 당시 서울인구는 40만에 이르고 근대 도시로서의 면모를 갖춘다. 「수부」는 1장에서 11장까지 소주제를 담고 있는 산문 형식의 장시형태를 이룬다. 김재용은 「식민지 자본주의와 근대 문명 내파」를 통해 「수부」의 1장은 서장의 성격으로 시 전체의 방향을 암시하는 풍부한 상징으로 가득 차 있고, 11장은 압축되어 있지만 미래의 삶을 예감하는 어조를 이루며, 본장 중 2~4장은 자본주의적 근대를 경제적 변화를 중심으로 하부구조인 토대를 다루고, 5~10장은 상부 구조[8]로 분석했다. 식민지 근대 문명 속 비틀린 수도를 읽어내는 오장환 시인과 같은 시대인식과 탁월한 통찰력은 한국 근대 시사에서 매우 드문 일이라고 평했다. 민중들, 일반 시민들을 소외시키는 식민지 제국주의에 기생하는 근대 자본주의 관료주의 남작과 자작 비판,

8) 김재용, 「식민지 자본주의와 근대 문명의 내파」, 『오장환 전집』, 실천문학사, 2002, p.634.

이 속에서 껍데기에 불과한 예술인들은 그들에게 복무하고 자기도취로 살아가지만 그것은 텅 빈 수렁 속으로 빠져 들어가는 일이라는 비판이다.

해방 전은 물론이고 해방 후에까지 이르는 오장환 시인의 시적 도정 전체를 관통하는 중요한 시적 성향임을 발견할 수 있다. 데카당스 성향인 우수와 퇴폐 이미지에 일제강점기라는 시대비판의식이 함께 내포된 부분이다. 일제 강점기 이식된 근대 문명을 미성숙한 것으로 보는 오장환의 안목이 결코 허술하지 않음을 보여준다.

궁핍한 농촌을 떠나 유입된 인구의 밀집으로 인해 수도 서울은 만원을 이루고 날마다 시체 타는 소리와 연기로 가득하다. 이러한 하늘 밑에서 '시민들은 기계와 무감각'을 즐긴다. 날마다 늘어나는 공장과 공장촌, 열악한 주거 환경으로 인해 폐를 앓는 공원들, 과열한 노동량으로 먼지처럼 사라지는 노동자들, 거리의 행려병자들, 이들로 인해 수부는 늘 고통스러운 모습을 하고 있다는 근대도시에 대한 신랄한 비판이다.

하루가 달리 고층 건물은 늘어나고 잘 차려입은 신사들이 과시하며 드나드는 곳, 외국 사신의 행렬을 쫓으며 아부하는 고위 관직자, 건질 수 없는 수렁으로 빠져드는 예술가들, 토호질한 유산과 금광에서 얻은 일확천금을 모은 사람들이 모여드는 곳이 '수부'라는 것이다. 사람들은 수려한 자연을 떠나 모조된 공원으로 모여들고, 박물관, 사원, 교회당을 별장처럼 다니는 곳, 위조지폐, 사기, 음모, 횡령, 매수, 중혼, 퇴폐한 절망에 빠진 대학생들, 과부처럼 살쪄가는 저널리즘, 근대 도시의 타락과 부패 위선적인 것들에 대한 날카로운 야유와 조롱 섞인 풍자이며 비판이다.

시적 화자는 이곳에서 화려한 자본가 계급과 궁핍한 노동자 계급을 잉태한 근대 문명의 이중성을 발견하고 경악한다. 루소는 데카당스를 인간의 과도하게 발달된 문명과 자연의 이별을 거스른 결과로 본다. 번영이 낳은 몰락을 유추하는 것은 데카당스의 주요 특징이다. 시인은 근대 문명의 산물인 부정적인 요인들을 바라보며 시대를 진단하고 풍요 속의 부패를 시의 주제로 삼는다. 오장환이 근대문명과 시민사회를 제재로 삼는 것은 보들레르의 영향이며, 부패하고 타락한 시대 현상을 주제로 사용하여 현상 이면을 보려는 것은 데카당스 미학이다.

> 소요가 제 아무리 내 유리창에 폭풍을 몰아쳐도
> 내 이마를 책상에서 들게 하진 못하리라.

왜냐하면 내 의지의 힘으로 '봄'을 불러일으키고
내 가슴에서 태양을 끌어내어
타오르는 생각들로 따스한 분위기를 만들어 내는
그러한 쾌락에 내가 잠겨 있을 테니.

— 보들레르, 「풍경」 부분

이와 같이 오장환의 초기 시 구조는 보들레르와 시의 구조와 매우 유사하다. 보들레르가 내면의 분열과 고뇌, 회한, 절망에 빠졌다가 첫 탈출한 파리의 풍경과 같은 구조를 보인다. 보들레르 『악의 꽃』에 수록된 「풍경Paysage」은 소요와 폭동으로 아수라장이 된 파리 상황에 대한 묘사를 담는다. 일시적인 현상인지 모르지만 보들레르는 1848년 프랑스 혁명 당시 총을 들고 소요하는 군중 속에 섞여 있었다. '예술을 위한 예술l'art pour l'art'을 주장하며 정치와 무관하려고 하지만 정치적 상황을 모티브로 한 요인들이 그의 작품 일부에서 발견된다. '소요가 아무리 자신의 유리창에 폭풍을 몰아쳐도 데모의 무리에 가담하지 않겠노라는 의지라고 할 수 있다.

이와 같이 오장환도 내면의 분열과 절망에 빠졌다가 도시로 탈출한다. 그러나 일제의 감시와 폭압가운데 식민지 지식인으로 아무것도 할 수 없는 오장환은 수부를 떠나 해항 도시로 떠나지만 그곳에서도 어떠한 대안을 찾지 못하고 배회한다. 미래로 향한 출구로 생각하던 해항 또한 근대 문명의 범람으로 부패한 것들로 가득함을 인식하고 경악한다.

> 폐선처럼 기울어진 고물상실에서는 늙은 선원이 추억을 매매하였다. 우중충한 가로수와 목이 굵은 당견이 있는 충충한 해항의 거리는 지저분한 크레용의 그림처럼, 끝이 무디고 시꺼먼 바다에는 여러 바다를 거쳐 온 화물선이 정박하였다.
>
> …(중략)…
>
> 망명한 귀족에 어울려 풍성한 도박, 컴컴한 골목 뒤에선 눈자위가 시푸른 清人이 괴춤을 흠칫거리면 길 밖으로 달리어간다. 홍등녀의 교소, 간드러 지기야. 생명수! 생명수! 과연 너는 아편을 갖었다. 항시의 청년들은 연기를 한숨처럼 품으며 억센 손을 들어 타락을 스스로이 술처럼 마신다.
>
> 영양이 생선가시처럼 달갑지 않는 해항의 밤이다. 늙은이야! 너도 수부이냐? 나도 선원이다. 자—한잔, 한잔, 배에 있

으면 육지가 그립고, 뭍에선 바다가 그립다. 몹시도 컴컴하
고 질척거리는 해항의 밤이다. 밤이다. 점점 깊 은 숲 속에
올빼미의 눈처럼 광채가 생하여 온다.

—「해항도」 부분

전통의 굵은 당견이 너저분하고 문명의 비만으로 시꺼멓게 오염된 바다, 프랑스 대혁명시 시민들에 쫓겨 망명한 귀족 '샤토브리앙'과 러시아 귀족을 연상한다. 사토브리앙은 프랑스 혁명 당시, 시민들을 피해 아메리카로 피신 한 귀족, 데카당스의 선구자로 알려졌다. 오장환 역시 문명이 낳은 기계화로 일자리를 잃은 젊은이들이 서로를 위로하며 연기를 한숨처럼 품으며 타락을 술처럼 마시는 곳, 제 울음을 숨기며 간드러진 웃음으로 아편적인 성희를 연출하는 여인들이 있는 곳, 망명한 귀족들의 부패한 삶이 있는 곳, 잘못된 전통이 면도 않은 터거리처럼 지저분하고, 일제 강점기의 궁핍한 고향을 떠나와 이국의 해항에 머물지만 그 어디에도 유토피아를 찾을 수 없다.

오장환은 보들레르에게서 여행 모티브와 매음부라는 제재를 구하지만 보들레르처럼 본질적인 본능에 이끌린 탐닉의 대상이 아니라 연민의 대상으로 본다. 시대가 낳은 소외

계층들을 무기력하게 바라보아야 하는 시적 화자는 절망에 이르고 그러한 심경은 '올빼미의 눈처럼 퀭하여 오는 생'이라는 보들레르적 속성의 감각적 언어로 표현된다. 제재로 쓰인 '술과 담배, 아편'은 보들레르와 랭보적 특성이다. '해항과 수부' 모티브는 보들레르의 영향으로 미지의 꿈을 지향하는 단계에서 출현되는 데카당스 시의 주요 제재이다.

> 다사로운 가을날 저녁, 두 눈을 지그시 감고
> 훈훈한 네 젖가슴 내음 맡으면
> 단조로운 태양이 눈부시게 내리쬐는
> 평온한 해변이 내 눈앞에 펼쳐진다.
> …(중략)…
> 네 향내 따라 매혹적인 고장으로 이끌려 나는 그려 본다.
> 아직도 바다 물결에 지쳐 버린 돛과 돛대 가득한 어느 항구를
> 그동안 초록색 타마린드의 향기가 바람에 휘날리고
> 내 콧구멍을 부풀게 하며 내 마음 속에는 수부의 노래와 뒤섞이누나.
>
> — 보들레르, 「이국적 향기」 부분

보들레르의 「이국적 향기Parfum exotique」는 '검은 비너스'로 불리는 흑인 여배우 '잔느 뒤발'에게 바친 시이다. 보들레르는 여느 때와 같이 '단조로운 태양이 눈부시게 내리쬐는'날 평온한 해변이 보이는 곳에서 여인의 머리털에서 풍기는 향내에 감겨 미지의 세계를 꿈꾼다. 마음속으로 늘 정처 없이 떠도는 뱃사람의 노래를 부르면서 '저 너머'를 꿈꾸지만 끊임없이 여인들과의 향락 속으로 빠져든다. 보들레르는 항구도시를 위험하고 더러운 곳으로 인식하면서 매음녀를 교만하고 어리석으며 독을 가진 향기로 표현한다.

아낙네는 비천한 노예
교만하고 어리석어
심각하게 제 몸을 숭배하고
혐오 없이 제 몸 사랑했고
사내는 탐욕스러운 폭군
방탕하고 지독하고 욕심이 많아
노예 중의 노예요
하수도에 흐르는 구정물.

— 보들레르, 「여행」 부분

그러나 흑인 여배우 '잔느 뒤발'을 알게 된 후로는 여인 이미지는 '악의 꽃'으로 치환된다. 보들레르 시의 특징은 술에 도취되어 죽음의 항구를 항해하면서 미지의 세계를 그리는 도식이다. 현재를 추하고 더러운 것으로 보면서

태양 저 너머, 창공 저 너머
별 박힌 하늘나라 끝 저 너머

— 보들레르, 「상승」 부분

「상승」에서와 같이 조그만 제 자기, 즉 굴종된 여기를 뛰어넘어 '저 높은, 저 너머'를 지향하는 데카당스 문학의 특성을 보인다.

오장환의 시에 나타나는 '절망과 허무, 미지로의 여행, 무기력, 육체를 이용한 감각적 언어 사용, 공포 분위기의 형성, 내면의 분열과 고뇌' 등은 보들레르적 특성이며 데카당스 시의 양상이다. 시인의 초점이 화려한 문명의 병폐인 시꺼먼 바다에 닿는 것은 '문명의 안팎'을 동시에 바라보는 데카당스의 시의 주요 특징이다. 진보는 데카당스를 낳고 데카당스 문학은 진보가 낳은 현상을 진단한다. 추함을 있

는 그대로 드러내고 진단하고자 하는 것은 데카당스 시인들의 진보적인 행위라고 볼 수 있다. 1936년 12월 같은 시기에 발표된 「매음부」에서도 위와 같은 양상들이 나타난다.

> 푸른 입술, 어리운 한숨. 음습한 방 안엔 술만 훤하였다. 질척한 풀숲과 같은 방안이다. 현화식물과 같은 계집은 알 수 없는 웃음으로 마음도 속여 온다. 항구, 항구, 들르며 술과 계집을 찾아다니는 시커먼 얼굴. 윤락된 보헤미안의 절망적인 심화, — 퇴폐한 향연 속. 모두 다 오줌싸개 모양 비척거리며 얕게 떨었다. 괴로운 분노를 숨기어가며… 젖가슴이 이미 싸늘한 매음녀는 파충류처럼 포복한다.
>
> —「매음부」 전문

부르주아 계층과 함께 사회적 약자라는 근대문명의 양면적인 측면을 인식한 오장환은 절망의 심연으로 젖어든다. 제 마음을 숨기고 웃음으로 일관하는 매음부에 대한 연민, 괴로움과 분노를 삭이느라 술에 취해 비척거리며 살아가는 '부두 노동자'와 '부랑자'들을 보면서 절망할 수밖에 없는 식민지 지식인은 주변인들을 싸늘한 파충류로 묘사한다. 전체적으로 음산한 분위기를 이루는 가운데, 사회의 주변인으로 보헤미안처럼 떠도는 자신을 사탄의 '시꺼먼 얼굴'이라는 냉소적인 표현으로 객관화시킨다. 식민지 지식인으로 정착하지 못하고 '부유'할 수밖에 없는 현실과 비대한 '문명에 대한 비판'이고 절망이다. 오장환은 매음부의 괴로운 분노를, 일제 강점기하에서 무기력하게 살아갈 수밖에 없는 자신의 분노로 대치시키는 연민으로 비롯된다. 매음부의 행위를 "싸늘한 파충류로 포복한다"는 보들레르의 "기어 다니는 뱀의 애무"라는 표현과 유사하다. 열대식물처럼 짙은 향기를 뿜어내는 "현화식물과 같은 계집은, 알 수 없는 웃음으로 제 마음도 속여 온다"는 묘사를 통해, 단순한 탐닉의 대상이 아니라 동류항을 지닌 동정의 대상임을 알 수 있다.

짐승의 눈을 가진 천사들처럼
그대의 규방으로 되돌아와
캄캄한 밤의 어둠을 파고
소리 없이 그대 곁에 기어들리라

나 또한 그대에게 주리라,

갈색 머리 여인이여, 싸늘한 달빛 같은
입맞춤을 웅덩이 둘레에서
기어 다니는 뱀의 애무를

— 보들레르, 「유령」 부분

보들레르의 「유령Le Revenant」은 "짐승의 눈을 가진 천사들"을 지옥에서 온 '악 천사'로 표현한다. 다른 작품에서는 여자를 "쇠사슬에 얽매여 노예처럼/노름판을 못 떠나는 노름꾼처럼/술병을 못 놓는 주정뱅이처럼/송장을 못 떠나는 구더기처럼/-저주받은 넌 저주받은 계집, 흡혈귀"로 표현한다. 보들레르는 만물 조응 중에 어떤 조응은 우리들을 순수한 순결의 세계로 이끌어가고, 또 어떤 것은 죄악과 부패의 세계로 돌아가게 하는데 일종의 정신과 관능의 도취로 끌어가는 향기들, 이 향기들을 퍼뜨리는 것이 '악의 꽃'이라고 하였다. 이미 제목 속에 보들레르의 새로운 미의 개념이 함축됐다고 볼 수 있다. 이와 같이 '삶 속의 죽음'과 같은 모순어법을 사용하여 대립되는 두 요소를 결합함으로써 엘리아데Eliade가 말하는 '대립의 조화'에 도달하는 것이 바로 데카당스 시의 미학이다.

보들레르는 시는 고전의 틀에서 벗어나 현대적인 삶의

직접적인 표현이어야 한다고 말하고 '신의 자리'에 '나'를 배치하고 '시대비판'과 '육체를 이용한 감각적 언어 사용'으로 문제를 과격하게 표현한다. 육체를 이용한 감각적인 언어를 사용하여 촉각의 느낌을 극대화시키면서 냉소적으로 표현하는 것은 보들레르와 랭보적인 속성이다. 인간의 추함과 악함을 있는 그대로 미의식으로 삼고, 악마주의 성향을 드러내는 것은 데카당스 미학 중의 하나이다.

이렇게 보들레르와 랭보의 데카당스 시의 영향을 받아온 오장환은 이들이 '조그만 자기'를 벗어나지 못하고 타락과 퇴폐만 일삼는 부정적인 데카당스 양상에 머물자 회의하고, 지난날 무기력과 절망의 심연으로 점철된 자신을 진단한다.

2. 자기파괴와 가치창조 – 탈가치와 개아의 죽음

푸른 입술, 어리운 한숨. 음습한 방 안엔 술만 훨하였다. 질척한 풀숲과 같은 방안이다. 현화식물과 같은 계집은 알 수 없는 웃음으로 마음도 속여 온다. 항구, 항구, 들르며 술과 계집을 찾아다니는 시커먼 얼굴. 윤락된 보헤미안의 절망적인 심화, ― 퇴폐한 향연 속. 모두 다 오줌싸개 모양 비척거리며 얕게 떨었다. 괴로운 분노를 숨기어가며… 젖가슴이 이미 싸늘한 매음녀는 파충류처럼 포복한다.

―「매음부」 전문

동구 밖에는 청랭한 달빛에
허물어진 향교 기왓장이 빛나고
댓돌 및 귀뚜리 운다.

다만 울라
그대도 따라 울으라

위태로운 행복은 아름다웠고
이 밤 영회(咏懷)의 정은 심히 애절타

모름지기 멸하여 가는 것에 눈물을 기울임은

분명, 멸하여 가는 나를 위로함이라. 분명 나를 위로함이라.

—「영회」 부분

처음 오장환의 시는 형이상학적 가치의 철회, 보들레르와 랭보식의 퇴폐와 절망에 빠져 질척거리지만 1937년 1월 이후 일제 강점기 조국 현실이라는 시대인식으로 새로운 양상을 보인다. 1937년 7월에 발표 된 「해수」, 동년 11월에 발표된 「황무지」두 편의 장시와 두 번째 시집 『헌사』에 수록된 「The Last Train」과 「헌사」를 중심으로 자기파괴 '와 극복 '가치창조'라는 데카당스 양상 중 하나다. 니체의『차라투스트라는 이렇게 말했다』에서 차라의 두 번째 가르침은 권력(힘)에 대한 의지이다. 니체는 삶이란 항상 스스로를 극복해나가는 것, 자기 극복을 통한 자기 확장의 과정으로 밝혔다. 보들레르의 영향을 받은 니체, 이 둘의 영향을 받은 오장환의 데카당스 문학도 그런 구조와 닿아 있다.

보들레르가 미에 대해서 병적으로 집착하고, 악에서 미를 유추하며 즐기던 '예술을 위한 예술'이었다면 이 시기의 오장환은 현실인식을 바탕으로 한 '인간을 위한 문학'을 다짐한다. 두 번째 시집인 『헌사』에 수록된 작품들은 보들레르적 성향의 한계를 극복하고, 인간을 위한 문학으로의 데카당스 양상을 보인다.

오장환은 인간의 문제를 제재로 택하면서 화자의 내면적 감정으로 전이시켜 노래하는 방법을 통해 시의 의미를 비약시켜 나간다. 김기림은 "『헌사』는 청각적 이미지, 음악의 세계를 보여준 청년의 시"[9]라고 평한다. 김용직은 "오장환의『헌사』는 고뇌에 찬 의식 속에서 인간을 읽고 그것을 육성으로 노래하였다."[10]고 평한다. 실제로 어느 시기에 이르러 오장환은 이전의 『성벽』시기의 어느 단계에서 보였던 보들레르와 랭보적 속성에서 벗어나려는 시도를 감행한다. 그리고 절망의 심연으로 빠졌던 내면적 고뇌와 자아 분열의 현상에서 벗어나 김용직의 주장처럼 현실문제로 돌아와 일제강점기의 조국현실이 빚어내는 궁핍상과 황량한 정신풍토를 공적인 각도에서 노래한다. 즉, 보헤미안처럼 떠돌며 절망으로만 점철된 지난날의 삶에서 벗어나 의식적으로 현실문제, 인간의 문제를 제재로 다룬다.

---

9) 김기림, 「30년대 도미의 시단동태」,『인문평론』, 1940, p.71.
10) 김용직, 앞의 책, pp.545-547.

'인간의 의무'는 '자아'만을 버린 인간 전체의 복리를 위한 것이어야 하고 문학도 인간을 위해서 존재하는 것이 옳다는 인식의 전환을 갖게 된다. 절망의 구렁에서 아무것도 하지 못하고 뜻 모를 비명을 일삼던 지난날 자신의 행동에 대한 회오이다. 권태에 쌓인 무기력한 자아에서 벗어나지 못하고 임화 식의 '조그만 자기'라는 곳에서 벗어나 '창조 자아'로 발전하지 못한 자신에 대한 반성적 행위로 볼 수 있다. 오장환 시의 전반에서 인간을 위한 문학관은 반봉건, 반전, 산업화된 시민 사회에 대한 시대비판[11]에서 시작됨을 알 수 있다.

보들레르가 무기력 속에서 잔느 뒤발과 사바티에 부인, 마리 도브랑 같은 여인들과의 사랑 놀음과 매음녀와의 육체탐닉에 빠져 절망하다 자살 미수에 그치고, 일하지 않는 자신을 절망하면서도 노동하는 손을 결코 갖지 않을 것이라는 랭보의 노동 혐오에 대한 새로운 인식의 출발이다. 즉, 데카당스를 제대로 인식하지 못하고 미지로의 세계를 향해 비명만 일삼던 지난날의 퇴폐와 절망에만 빠진 자신에 대한 반성으로 볼 수 있다.

11) 김홍섭, 앞의 논문, p.146.

항구야

계집아

너는 비애를 무역하도다.

모진 비바람이 바닷물에 설레던 날

나는 화물선에 엎디어 구토를 했다.

뱃전에 지푸시 안개 끼는 밤

몸부림치도록 갑갑하게 날은 궂은데

속눈썹에 이슬을 적시어가며

항구여!

검은 날세여!

내가 다시 상륙하던 날

나는 거리의 골목 벽돌담에 오줌을 깔겨보았다.

…(중략)…

야윈 청년들은 담수어처럼

힘없이 힘없이 광란된 ZASS에 헤엄쳐 가고

빨간 손톱을 날카로이 숨겨두는 손,

코카인과 한숨을 즐기어 상습 하는 썩은 살덩이

…(중략)…

어둠의 가로수여!

바다의 방향
오 한없이 흉칙맞은 구렁이의 살결과 같이
넘실거리는 검은 바다여!
미지의 세계,
미지로의 동경,
나는 그처럼 물 위로 떠다니어도 바다와 동화치는 못하여
왔다.
가옥 안 짐승은 오직 사람뿐
나도 그처럼 완고하도다.
…(중략)…
음협한 씨내기, 사탄의 낙윤,
너의 더러운 껍데기는
일즉
바닷가에 소꿉 노는 어린애들도 주워가지는 아니하였다.

—「해수」 부분

오장환의 미지의 세계로의 여행 모티브는 18세~20세 사이에 한정 되어 있다. 퇴폐와 타락과 무기력 가운데 '미지의 세계'를 지향해 오던 시인은 자신과 시대현상을 진단하고 자기부정을 감행한다.

'사람은 저 빼놓고 모조리 짐승이었다'라는 부제를 달고 있는 「해수」에서 시적 화자는 미지의 세계, 미지로의 동경을 안고 구렁이의 살결과 같이 늠실거리는 검은 바다를 떠다니며 배회하지만 정작 바다와 동화되지는 않았음을 고백하고 자위한다. 비애를 파는 매음녀가 있는 항구와 그곳에서 떠돌던 자신에 대한 부정이다.

"다시 상륙한 항구에서 벽돌담에 오줌을 깔겨 보았다."는 것은 그곳에 대한 전면 부정이고, 절망으로 점철된 자신의 모습에 대한 회개와 파괴행위이다. 아편과 구렁이의 살결같이 넘실거리는 바다에서 그는 오직 미지의 세계, 미지로의 동경을 추구하였을 뿐임을 강조한다. 매음녀와의 성적 행위는 분열할 수밖에 없는 내면적 자아의 고통을 잊기 위한 과정으로 합리화된다. 그러한 심경은 자기 본위로 생각하는 보편적 인간의 이기주의적인 속성에 대한 야유와 조롱으로 이어지고 변화할 줄 모르는 '가옥 안의 완고한 짐승'으로 표현된다. 완고한 짐승의 더러운 껍데기는 바닷가에서 소꿉놀이하는 아이들도 쳐다보지도 않는다는 것으로 철저한 '자기부정'을 일삼는다. 이렇게 현실의 '조그만 자기 부정'을 통하여 '창조자아'로 거듭나려는 것은 데카당스 문학의 특징이다. 근대적 자아의 개념은 루소에게서 처음으로 발견되는데 이때의 자아는 복잡다단함으로 얽힌 개체로서의 소우주적 소우주의 성격이다.

(1연)

황무지에는 거칠은 풀잎이 함부로 엉클어졌다.
번지면 손가락도 베인다는 풀,
그러나 이 땅에도
한때는 썩은 과일을 찾는 개미떼같이
촌민과 노라리 꾼이 북적거렸다.
끊어진 산허리에
금돌이 나고,
끝없는 노름에 밤별이 해이고
논우멕이 도야지 수없는 도야지
인간들은 인간들은 웃었다 함부로
웃었다
웃었다!
웃는 것은 우는 것이다
사람 쳐놓고 원통치 않는 놈이 어디 있느냐!
폐광이다

—「황무지」 부분

'모든생물은황무지에서출발하였고황무지에로환원하였다.'라는 부제를 달고 있는 「황무지」는 모두 6장 550행으로 구성된 장시로 1930년대 식민지적 상황과 폐허의식을 형상화하고 있다. 당시에는 3연 구성으로 두 번째 시집 『헌사』에 수록되었다. 이 후 1990년 범우사에 의해 6연으로 된 후속고가 발견되면서 데카당스 연구가 가능하게 되었다. '나'에서 '세계'로 시선이 확장되는 「황무지」는 오장환의 현실인식을 바탕으로 한 데카당스 양상의 두 번째 총론이라고 할 수 있다.

18세기 후반 영국을 출발점으로 일어난 산업혁명 이후 세계는 각종 기계의 발명과 혁신으로 생산적인 면에서 비약적인 발전을 이루었다. 그러나 이로 인해 자본가 계급인 부르주아와 노동자 계급인 프롤레타리아라는 양대 계급이 도출되면서 여러 가지 사회 병리 현상을 낳는다.

과학의 발달로 문명 세계에서 공장의 기계는 밤낮없이 돌아가고 기계화로 일자리를 잃은 젊은이들은 절망과 무기력 속에서 타락한 삶을 살아가는 사회·문화 현상에 대한 통찰이라고 볼 수 있다. 청년들의 퇴폐와 우수, 우울과 같은 경향들이 쉴 새 없이 밀려나오기 때문에 새로운 진리를 꿈꾸기가 어렵다는 비판이다.

시적 화자는 그러한 부패한 세계에서 신에 대한 원망과 부정을 토로하고 혼돈이 배암처럼 꿈틀거리는 현장에 다시금 노아의 붉은 홍수가 솟구치기를 희구한다. 그러한 비판적 시각은 다시 일제강점기의 현실로 이동하게 되고 절망으로 일관된 과거의 자신을 부정하는 단계로 접어든다.

인간의 의무를 이행하기 위해 시인은 저무는 역두驛頭에서 자신을 보내는 제의 의식을 결행한다. 이전의 보헤미안의 절망과 퇴폐의 향연, 시대적 절망으로 일삼던 비애와 못쓰는 차표처럼 찢겨진 청춘을 보내는 의식이다. 동시에 일제강점기하의 고향과 조국의 병든 역사도 실려 보낸다는 의미로 보아 새로움을 추구하기 위한 것으로 해석된다. 절망과 비애로 점철된 지난날의 자아를 사멸死滅시키는 파괴 행위는 창조적인 자아를 모색하기 위한 단계라고 볼 수 있다. 시인은 과거의 자신과 구별하거나 부정하고자 할 때 '너'라는 식의 거리두기를 통하여 타자화 한다.

> 저무는 역두에서 너를 보냈다.
>
> 비애야!

개찰구에는
못 쓰는 차표와 함께 찍힌 청춘의 조각이 흩어져 있고
병든 역사가 화물차에 실리여 간다.

대합실에 남은 사람은
아직도
누굴 기다려
나는 이곳에서 카인을 만나면
목 놓아 울리라.
거북이여! 느릿느릿 추억을 실고 가 거라
슬픔으로 통하는 모든 노선이
너의 등에는 지도처럼 펼쳐 있다.

—「The Last Train」 부분

대합실에 남은 사람은 아직도 미래를 열어 줄, 새로운 세상을 열어 줄 초인을 기다리고 있다. 그러나 그 이전에 시적 화자는 그 누구를 기다리는 중에 혹시라도 카인을 만나면 다만 목 놓아 울어보겠다는 심산이다. 제재로 선택한 카인은 『구약성서』 창세기에 나오는 인물로 아담과 하와의 맏아들이다. 카인은 농부이고 동생 아벨은 목자牧者였다.

카인은 농산물을, 아벨은 가축을 제물로 바쳤는데, 야훼신이 아벨이 바친 제물은 반기고, 그가 바친 제물은 반기지 않았다. 그러자 그는 아벨을 질투하여 죽이곤 땅에 묻었다. 진노한 야훼는 카인을 저주하여 떠돌아다니는 신세가 되게 하였다. 기독교 신을 조롱하고 악신을 선호하는 보들레르적 속성이다.

보들레르는 야훼의 편견에 의해 가축을 바친 아벨은 선택되고 농작물을 바친 카인은 저주를 받았다고 인식한다. 그래서 농토를 떠나 보헤미안의 삶을 살아야 하는 카인의 운명을 동정하고 자신과 동류항으로 설정한다.

프란츠 파농은 식민지 피지배자의 심리상태에 대해 서술하면서, 피지배자의 죄의식은 내면화된 죄의식이 아니라 일종의 천벌처럼 경험하는 치욕이고, 식민통치를 받는 동안 사물이 되고 대상이 되며, 때로는 동물적인 상태로 떨어지거나 악의 화신으로 간주 된다고 말한다. 그러나 오장환은 암울한 일제강점기에서 야훼의 버림을 받은 카인의 후예라는 운명론을 떠올리지만 체념과 비애로만 그치지 않는다.

대합실은 출발과 기다림이 있는 공간이며 희망이 있는 곳이다. 시인은 이곳에서 절망으로 점철된 과거의 자신을 마지막 기차에 실려 떠나보내는 자기 고별의식을 치른다. 여기서 '그 누구'는 데카당스 양상인 새롭게 인식되는 창조 자아일 수도 있고, 새로운 시대를 열어 줄 '초인'이며 '세계' 일 수도 있다. 이러한 양상은 같은 해 11월에 발표한 「헌사」를 통해서도 살필 수 있다.

> 마귀야 땅에 끌리는 네 검은 옷자락으로 나를 데려 가거라
> 늙어지는 밤이 더욱 다가들어
> 철책 안 짐승이 운다.
> 나의 슬픈 노래는 누굴 위하여 불러왔느냐
> 하염없는 눈물은 누굴 위하여 흘려왔느냐
> 오늘도 말 탄 근위병의 발굽소리는
> 성 밖으로 달려갔다.
> …(중략)…
> 충충한 구름다리 썩은 은기둥에 기대여 서서
> 기이한 손님아 기다리느냐
> 붉은 집 벽돌담으로 달이 떠 온다
>
> 저 멀리서 또 이 가차이서도
> 나의 오장에서도 개울물이 흐르는 소리

스틱스의 지류인가 야기에 번적거리어

이 밤도 또한 이 밤도 슬픈 노래는 이슬비와 눈물에 적시었노니

청춘이여! 지거라

자랑이여! 가거라

쓸쓸한 너의 고향에……

—「헌사 Artemis」 부분

철책 안의 짐승은 식민지 현실에서 아무것도 할 수 없는 무기력한 내면의 자아이다. 시적 화자는 아무리 노래를 불러도 세월만 흐를 뿐 말 탄 근위병처럼 발굽소리를 내며 힘차게 달려 나가지 못한다. 카인의 후예로서 원죄를 타고난 운명론적 존재라면, 차라리 마귀에게 땅에 끌리는 검은 옷자락으로 자신을 데려가라는 체념적인 어조이다. 과학의 발달로 비만해진 문명과 제국주의들의 영토 확장이라는 세계정황을 인식하고 안으로 향하지만, 일제강점기로 신음하는 조국의 현실에서 적극적인 행위를 할 수 없는 시적 화자는 차라리 마귀에게 자신을 죽음으로 데려가라는 탄식이다. 오랜 세월 출구를 찾지 못하면서도 슬픈 노래로 눈물을 적셔 온 시적 화자는 오래된 기둥에 서서 기이한 손님을

기다릴 뿐이다. 그러나 철책처럼 단단한 일제강점기에서, 아직도 내면에는 저승으로 흐르는 스틱스강의 지류만 흐를 뿐, 무기력한 시적 화자는 날마다 '슬픈 노래'만 부른다.

데카당스 시인인 보들레르와 베를레느는 데카당스 시에서의 음악성을 중시한다. 베를레느는 그의 『시법』(L'Art poétique, 1874)에서 '그 무엇보다도 음악으로부터'를 주장하며 시에서의 음악성을 찬양한다. 데카당스 시학은 음악적 형태의 시어들은 초자연적인 힘을 느끼게 하고, 애매한 것과 분명한 것이 뒤섞여 있어서 슬픈 노래보다 더 사랑스러운 것은 없다고 본다. 니체도 언어만으로는 우리의 생각을 올바로 표현할 수 없고 우리를 전통의 노예로 만든다고 밝히고 한 때 그가 경도됐던 바그너의 음악이 울림으로 본질적인 것을 가져다준다고 평가했다. 아마도 바그너 음악 역시 이 세상을 미화하지 않고 스스로를 부정하며 창조자아로 나아가는 삶, 민중 쪽에 선 예술을 한 까닭일 것이다.

음악은 모든 것에 우선하는 것
그러므로 그대들은
무게도 모습도 없이
공기 중에 녹아나는 리듬을 사랑하시오.

아무런 실수 없이
그대의 언어를 선택하기란 불가능한 것
슬픈 노래보다 더 사랑스러운 건 없소
거기엔 애매한 것과 분명한 것이 뒤섞이니까

—『데카당스 시학』(Art poètique) 부분

바그너의 음악에 매료된 보들레르는 시에서의 음악성을 강조한다. 보들레르의 영향을 받은 오장환의 시에서도 슬픈 노래형식의 음악적인 형태가 바탕을 이룬다. 내부적인 형태로 운율을 이루기도 하면서 '~노래'라는 제목으로 자주 표현되기도 한다.

「헌사」는 달의 여신인 아르테미스에게 바치는 노래 형식으로 데카당스 시학이 중시하는 음악성을 이루며 애매한 것과 분명한 것이 섞여 있는 슬픈 노래형식을 이룬다. '나, 초인, 슬픈 노래'는 데카당스 양상으로 자기파괴와 가치 창조라는 데카당스 주제이다. 슬픈 노래를 부르며 기다려 온 기이한 손님은 창조자아일 수도 있고, 나의 눈물과 슬픈 노래를 위무해주고 닦아 줄 초인, 새로운 가치, 새로운 시대일 수도 있다.

3. 죽음의 향연과 초월 – 원죄 탈출과 저 너머

곡성이 들려온다. 인가에 인가가 모이는 곳에.

날마다 떠오르는 달이 오늘도 다시 떠오고

누런 구름 쳐다보며
망토 입은 사람이 언덕에 올라 중얼거린다.

날개와 같이
불길한 사족수의 날개와 같이
망토는 어둠을 뿌리고

모든 길이 일제히 저승으로 향하여 갈 제
암흑의 수풀이 성문을 열어
보이지 않는 곳에 술 빚는 내음새와 잠자는 꽃송이.

다만 한 길 빛나는 개울이 흘러……
망토 위의 모가지는 솟치며
그저 노래 부른다.

저기 한 줄기 외로운 강물이 흘러
깜깜한 속에서 차디찬 배암이 흘러……사탄이 흘러……
눈이 따갑도록 빨간 장미가 흘러……

—「할렐루야」전문

1939년《조광》지에 발표했던「할렐루야」,『헌사』에 수록된「나의노래」와「심동」, 세 번째 시집『나사는 곳』에 수록된「산협의 노래」,「FINALE」 등은 죽음의 향연과 초월이라는 데카당스 양상을 보이는 시들이다.

철책처럼 단단한 일제강점기에서 아무것도 할 수 없는 시인은 자신에 대한 가학으로 이어지고 기다려도 오지 않는 '임'을 향한 노래를 끝내겠다는 의지가 엿보인다.

나의 노래가 끝나는 날은
내 가슴에 아름다운 꽃이 피리라.
새로운 묘에는
옛 흙이 향그러

단 한번

나는 울지 않았다.

…(중략)…

나의 슬픔은

오직 님을 향하여

나의 과녁은

오직 님을 향하여

단 한번

기꺼운 적도 없었더란다.

슬피 바라는 마음만이

그를 좇아

내 노래는 벗과 함께 느끼었노라.

나의 노래가 끝나는 날은

내 무덤에 아름다운 꽃이 피리라.

—「나의 노래」 부분

나의 노래가 끝나는 날은 내 가슴에 아름다운 꽃이 피리라는 일제 강점기에서 적극적으로 행동하지 못하는 시적 화자의 절망어린 탄식이다. 나의 노래가 끝나는 날은 시인의 생물학적인 죽음일 수도 있고, 절망하는 자아의 내면적 죽음일 수도 있다. 새로운 자아로의 부활이고, 자신의 예술혼에 대한 모색이라고 할 수 있다. 그러나 끊임없는 죽음의 향연은 새로운 길 찾기의 탐색과정이 좌절된 최후의 상태에서 일어나는 현상으로 볼 수 있다. 여기서 등장하는 임은 새 시대를 열어 줄 초인으로 해석되지만 조국 광복의 꿈이 좌절된 최후의 공간에서는 원망의 대상으로 나타나기도 한다. 데카당스 시의 제재인 '죽음'이 등장하고 데카당스 미학인 노래 형식이 바탕을 이룬다. '임'은 초인으로서 데카당스 시학에서 추구하는 니체식의 위버맨쉬로 볼 수 있다.

폐쇄된 공간에서 자기부정과 파괴를 통해서 창조자아를 모색하지만 일제 강점기라는 시대적 상황에서 좌절할 수밖에 없는 시인의 시선은 죽음의 현장으로 머문다.

눈 쌓인 수풀에
이상한 산새의
시체가 묻히고
유리창이 모다 깨여진
양관에서는
샴페인을 터트리는 소리가 들려온다.
언덕 아래

저기 아 저기 눈 쌓인 시냇가에는
어린아이가 고기를 잡고

눈 우에 피인 숯불은
빨갛게
주검은 아, 주검은 아름답게 불타오른다.

—「심동」 부분

시적 화자가 연민의 대상으로 바라보는 또 하나는 '나약한 짐승'이다. 깊은 겨울 먹잇감이 없어서 굶어 죽은 산새의 주검을 보면서 혹독한 일제 강점기에서 신음하는 '민족'을 발견한다. 산새는 일제치하에서 굶어죽는 우리 민족으로 볼 수 있고, 식민지 '서민계층'으로 볼 수도 있다. 반면 '유리창이 깨진 양관에서 샴페인을 터트리'는 대상은 조선인의 착취로 배부른 '일본제국주의'일 수도 있고, 일제에 의해 이식된 상업자본주의에서 발흥한 '부르주아지'일 수도 있다. 풍요와 빈곤을 이루는 극단적인 계급구조를 그대로 그리면서 시적 화자의 시선은 눈 쌓인 시냇가에서 물고기라도 잡아 배고픔을 달래려는 어린아이와 빨갛게 불타오르는 죽음의 현장으로 이동한다.

일제강점기의 민족현실과 당대 궁핍한 농촌현실에 대한 깊은 통찰이며 자본주의 계급과 노동자계급에 대한 통찰이다. 시적 화자는 상업자본의 근대문명과 제국주의 밑에서 신음하는 농민들의 비참한 생활을 폭로한다. 시인의 시선이 풍요와 빈곤을 동시에 바라보는 것은 데카당스 문학의 특징이다. '죽음'과 '시체'는 데카당스의 시에서 많이 제시되는 제재이며 '허무'와 '우울'은 데카당스 시에서 연상되는 이미지이다. 오장환의 제 3시집 『나사는 곳』에 수록된 「산협의 노래」는 일제 강점기라는 시대적 상황을 나타내고 있지만 이전과 다른 관찰이 엿보인다.

이 추운 겨울 이리떼는 어디로 몰려다니랴.
첩첩이 눈 쌓인 골짜기에
재목을 실고 가는 화물차의 철로가 있고
언덕 위 파수막에는
눈 어둔 역원이 저녁마다 램프의 심지를 갈고.
…(중략)…
배낭에는 한줌의 보리이삭
쓸쓸한 마음만이 오로지 추억의 이슬을 받아 마시나
눈부시게 훤한 산등을 내려다보며

홀로이 돌아올 날의 기꺼움을 몸가졌노라.

눈 속에 쌓인 골짜기
사람 모를 바위틈엔 맑은 샘이 솟아나고
아늑한 응달 녘에 눈을 헤치면
그 속에 고요히 잠자는 토끼와 병든 사슴이.
…(중략)…
나의 꿈이어! 온 산으로 뻗어나가고
어디쯤 나직한 개울 밑으로
훈훈한 동리가 하나
온 겨울, 아니 온 사철
내가 바란 것은 오로지 다스한 사랑

한동안 그리움 속에
고운 흙 한줌
내 마음에는 보리이삭이 솟아났노라.

—「산협의 노래」 부분

「신생의 노래」로 발표되었던 「산협의 노래」는 일제의 검열을 의식하여 제목을 변경한 듯하다. 죽음의 향연을 통한 달관의 경지에 이른 관조자의 평안한 시선은 차가운 이미지에서 훈훈함을 찾아낸다. 그러한 관조는 일제의 무리를 상징하는 이리떼의 몰려다니는 모습에 대한 표현을 통해 알 수 있다. 조선의 재목을 실어 나르기 위해 겨울밤 늦도록 왔다 갔다 하는 일제의 무리를 보고 오히려 시적 화자는 걱정스런 시선을 보낸다. 눈 속에 쌓인 골짜기, "사람이 모르는 바위틈에 맑은 샘물이 솟아나고 아늑한 응달 녘의 눈을 헤집으면 고요히 잠자는 토끼와 병든 사슴이 보인다"고 표현한다.

이러한 특징은 현실의 고통을 초월하여 달관한 경지에 오른 시인의 새로운 모습이라고 볼 수 있다. 이제 시작 화자는 이전과 같은 비판의식을 내비치진 않는다. 똑같은 상황을 시각을 달리하여 바라보는 달관한 자의 모습을 띤다.

시적 화자는 눈 쌓인 공간을 암울한 현실로 받아들이기보다는 그런 현실에서도 피어볼 수 있는 보리 이삭을 생각한다. 죽음의 향연과 초월의 경지 끝에 '평화로운 개울 물소리'를 듣게 되고 '훈훈한 동리'를 연상한다. 절망과 체념으로 점철된 죽음의 향연 끝에 보이는 초월자의 모습이다. "죽음을 통한 부활과 초월"은 하강에서 상승을 지향하는 데카당스 시의 주요 특징이다.

경이는 아름다웠다. 모두가 다스한 숨결. 비둘기 되어 날아가누나. 하늘과 바다. 자랑스런 슬픔도. 고운 슬픔도. 다 삭은 이정표. 이제는 무수한 비둘기 되어.

그대 서 있는 발밑에. 넓고 설운 강물은 흘러가느니……. 사화산이여! 아 이 땅에 다다른 윈 처음의 산맥. 내 슬픔이 임종하노라. 내보람 임종하노라. 내 먼저 눈을 가린다. 나의 피앙세—.

영영 숨을 모으는 그의 머리말에서 내 먼저 눈을 가린다. 즐거이 부르던 네 노래 부를 수 없고. 고운 얼굴 가릴 희디흰 장미 한 가지 손앞에 없어……

자욱한 안개. 지줄지줄 지줄 거리는 하늘 밑에서. 학처럼 떠난다. 외로움 에 하잔히 적시운 희고 쓸쓸한 날개를 펴, 말없이 카오스에서 떠나가는 학.

두 줄기 흐르는 눈물 어찌 다 스며드느냐. 한철 뗏목은 넓고 설운 강물에 흘러내리어 위태로운 기슭마다. 차고 깨끗한 이마에 한 줄기 고운 피 흘리며. 떠나는 임을 보내며. 두 줄기. 스미는 눈물. 어찌라 어찌라 나 홀로 고향에 머물러 옷 깃을 적시나니까.

—「FINALE」 부분

「FINALE」은 그동안 불러왔던 슬픈 노래로부터 임종하는 종막終幕 부분이라고 할 수 있다. 경이의 아름다움과 따스한 숨결, 하늘과 바다, 자랑스러운 슬픔이나 고운 슬픔, 다 삭은 이정표 등이 무수한 비둘기가 되어 날아가는 장면을 시적 화자는 처연히 바라본다. 혼돈의 공간 카오스에서 말없이 떠나는 학은 그동안 시적 화자가 줄 곧 그리워해 온 인물이며 새로운 시대를 열어 줄 초인으로 볼 수 있다. 그동안 자신과 함께 한 모든 회한들을 날려 보내고, 오랫동안 기다려 온 임마저 떠나보내는 시적 화자는 고향에 홀로 남아 허탈한 심정으로 눈물을 흘린다는 의미이다. 그토록 염원해온 '임'과 임종을 고하는 회한의 눈물이며 자신 또한 혼돈의 공간인 일제강점기의 카오스로부터 벗어나겠다는 의지라고 할 수 있다.

데카당스 시의 특징은 '지금 여기'를 추하고 혼돈스러운 것으로 보고 자신을 순결한 것으로 보는 경향이 있는데, 오장환은 그리움의 대상이며 구원해 줄 초인을 깨끗한 것으로 보고 있다. 시적 화자는 '임'을 그리며 슬픈 노래를 불러왔지만 죽음의 향연에 이르고 혼돈의 공간에서 벗어나려는 초월자의 자세를 지향한다. 「심동」에서 보이는 '눈물과 죽음', '시체'는 데카당스 시에서 많이 다루는 제재이며 혼돈과 허무 등은 데카당스 이미지의 한 양상이다.

조국 광복에 대한 희망이 보이지 않는 일제치하에서 한때 자신이 사랑하던 예세닌마저 보들레르와 같은 절망과 무기력에 빠져 자살에 이르자 이후 오장환의 시에서 음악성과 함께 데카당스 양상은 사라진다. 시꺼먼 자본이 물밀듯 밀려오는 식민지 근대에서 '예술을 위한 예술'을 지향하며 데카당스를 통해 자기파괴와 죽음, 부활을 통한 상승을 추구하지만 막막한 조국의 현실에서 그 출구를 찾지 못하고 결국 자연주의적 실존으로 돌아서고 시대 상황과 타협한 사회주의와 리얼리즘 경향으로 돌아선다. 신병 차 월북하여 1951년 33세의 젊은 나이로 세상을 떠났다.

제3부 오장환, 탐구되지 않은 바다

시단의 천재 오장환, 도처에 쇼펜하우어와 보들레르, 니체 사상이 음수처럼 깔려 있지만 그는 온전히 탐구되지 않은 바다이다. 형이상학적 가치들을 철회하고 반기독교적 전통 가치에 영향을 둔 그 큰 스케일이 완전 해석될 날도 머지않다. 그가 꿈꾸던 초인은 인간이 더 이상 진화할 수 없는 만큼의 진화된 상태에 도달한 위버맨쉬이다. 지금 여기 이곳, 작은 나를 극복하지 않으면 시대에 갇힌 원숭이일 뿐이다. 전통의 형이상학적 가치, 기독교 가치, 자본주의 가치에 대한 시대비판과 성찰, 자기파괴와 극복, 새로운 가치 창조에서 나타나는 악마주의 이미지는 필연일 수밖에 없다. 그 과정이 초인의 정반합일 것이다.

오장환의 영향을 받은 김수영도 악마의 작업을 통해서라도 그가 밝히고 싶은 것은 그의 위치(1955.10)라고 밝힌 바 있다. 악마 이미지를 쓸 수밖에 없는 깊은 이유는 분명히 있다.

저무는 역두에서 너를 보냈다.
비애야!

개찰구에는
못 쓰는 차표와 함께 찍힌 청춘의 조각이 흩어져 있고
병든 역사가 화물차에 실리어 간다.

대합실에 남은 사람은
아직도
누굴 기다려
나는 이곳에서 카인을 만나면
목 놓아 울리라.

— 오장환, 「The Last Train」 부분

비가 오고 있다
움직이는 비애야
결의하는 비애

번혁하는 비애

현대의 자살

그러니 오늘은 비가 너 대신 움직이고 있다

무수한 너의 '종교'를 보라

— 김수영, 「비」 부분

모든 전위문학은 앞선 사조에 대한 반동이므로 대개 불온하다. 김수영도 그의 산문 「실험적인 문학과 정치적 자유」에서 프랑스 앙티로망의 작가인 뷔토르의 말을 빌려 모든 실험적인 문학은 필연적으로는 완전한 세계의 구현을 목표로 하는 진보의 편에 서지 않을 수 없다고 밝혔다. 그러나 그 문학의 형식면에서 실험적인 것은 좋지만 정치사회적인 이데올로기의 평가로는 안 된다는 의견이다. 그리고 당시 임화의 「네거리의 순이」보다도 오장환의 「The Last Train」이 해방 후의 안목 있는 시 독자들 사이에 은근히 인정받고 있음을 거론하며 「병든 서울」과 같은 자극적인 시가 굉장한 인기를 차지하면서도 진정한 힘을 얻지 못했다고 피력했다. 데카당스 문학으로 깊이 진입하지 못했다는 평가일 것이다. 그러나 일제 강점기 한국문단에서 '저기 저곳'으로의 출구 찾기는 쉽지 않다. 김수영도 그의 산문 「평화에의 증언-후기」(1957)에서 해방공간에서도 여전히 자국 내 깃들지 못한 평화와 세계 제국주의 열강의 탄압 가운데도 평화의 나팔 소리가 울려 퍼지길 소원하며 시의 의무를 고민한 인물이다. 그러나 조국 현실의 안타까운 상황은 시인조차 피곤과 권태에 지쳐서 어수룩한 술집이나 기웃거리게 했을 법하다. 그러한 동선에서 김수영의 악마주의 이미지는 나름대로 음수 이미지를 드러낸 소재임을 감안할 때 그는 이미 오장환의 문학 성향과 그 의도를 간파했다고 볼 수 있다.

오장환이 크게 영향을 받은 니체도 루소와 쇼펜하우어를 지적하며 삶과 지식이 함께 가지 않는다면 그것은 멜로디와 조화를 이루지 않는 베이스와 같다고 했다. 삶 속 시의 의무나 역할에 대한 언급이다. 오장환 역시 인간의 의무는 삶 속 문학의 의무였다. 서정주의 평가에서부터 김수영의 평가에 이르기까지 오장환은 새로운 전위파 시인으로 다시 재조명해야 할 시인이다. 오장환에 대한 김수영의 평가는 그동안 부정적인 평가로 머물러 온 오장환의 데카당스를 긍정적으로 규명하는데 새로운 물꼬를 텄다.

오장환은 세기 말의 부패와 퇴폐적인 데카당스 현상들을 문학적 주제로 차용하여 현상을 진단하고 새로움을 창조하려는 긍정적인 의미의 데카당스 시인이다. 오장환이 문화현상으로서의 데카당스를 이해하고 있음을 그의 장시 「황무지」를 통해 확인할 수 있었다. 단순한 세기말적인 현상이 아니라 유럽의 보편적 데카당스 개념까지 이해하고 있음이 확인된다. 「황무지」는 과학문명의 발달로 생산이 다량으로 나오는 공장의 속성과 여러 경향이 다량으로 쏟아져 나오는 청년들의 데카당스라는 당시 문화현상에 관해 언급하고 있음을 총체적으로 살필 수 있는 시다.

오장환이 문학현상으로서의 데카당스를 수용하여 작품 속에서 변모시켜 나간 과정을 시뿐만 아니라 그의 시론, 산문을 통해 충분히 발견된다. 1937년 『조선일보』에 발표한 산문 「문단의 파괴와 참다운 신문학」과 1939년에 발표한 「제七의 고독」을 통해 '인간을 위한 문학'에 대해 고민하면서 긍정적인 의미의 데카당스 문학을 지향하였다는 사실이다.

초기 시 중 장시 「전쟁」과 「수부」, 첫 시집 『성벽』에 수록된 「성씨보」, 「해항도」, 「매음부」 등은 보들레르와 랭보의 시에서 보이는 데카당스 요소와 비교를 통해 '시대비판'과 '절망'에 따른 무질서 지향은 데카당스 초기 단계라 할 수 있다. 그러나 1937년 1월 이후의 작품 중에 절망의 단계를 벗어나서 자기부정과 파괴를 통한 가치창조를 지향하는 단계로 1937년 7월에 발표 된 「해수」, 동년 11월에 발표된 「황무지」 두 편의 장시와 두 번째 시집 『헌사』에 수록된 「The Last Train」과 「헌사」등을 중심으로 데카당스 문학의 정점을 보인다. 1939년 이후의 작품 중에 죽음의 향연과 초월의 단계를 보이는 『헌사』에 수록된 「나의 노래」와 「심동」세 번째 시집 『나사는 곳』에 수록된 「산협의 노래」, 「FINALE」을 중심으로 데카당스 면모를 볼 수 있다. 그러한 과정에서 오장환 시의 데카당스 양상은 표면적으로 세기의 종말과 부정, 파괴, 우수, 우울, 병적 낭만, 타락, 부패, 퇴폐, 절망, 죽음 등의 이미지와 감각어, 원색어 사용으로 '짙은 허무'를 보인다. 그러나 이면적으로는 제국주의의 영토 확장, 문명의 이중성과 추악성, 봉건 윤리 등 위선적인 것들에 대한 반발이라는 것이 시대인식과 함께 확인된다. 그러한 상황에서 그의 데카당스 문학은 퇴폐적인 정서와, 감각적인 미적 추구, 삶의 허무와 고독, 자연과 죽음 등의 이미지를 띨 수 밖에 없다. 데카당스 요인을 띠는 『성벽』,『헌사』와 출구 없는 곳에서의 『병든 서울』, 『나 사는 곳』, 『붉은 기』를 통해 그의 문학 노선은 대략 몇 가지로 요약된다.

첫째, 위선적인 명분의식에 사로잡힌 잘못된 전통비판

과 일제강점기의 민족현실, 제국주의의 영토 확장에 대한 시대비판과 절망에 따른 무질서주의로의 확장.

둘째, 비만한 근대문명지인 수부와 해항에서 풍요와 부패라는 이중적인 구조를 발견하고 부정과 자기파괴를 통한 가치창조 모색.

셋째, 철책처럼 단단한 일제강점기에서 대안을 찾을 수 없는 시인의 절망은 죽음의 향연으로 드러나고 자연적인 자의 초월자의 태도를 보이다가 그가 미처 끝내지 못한 노래는 식민지 조국에서 출구를 못 찾고 허공에 떠도는 메아리로 퍼짐.

넷째, 자연주의적 실존으로의 회귀와 리얼리즘으로의 경도.

퇴폐주의라는 어의에 갇혀 먼지 쓴 채 밝혀지지 않은 오장환 시의 데카당스는 로마제국의 몰락현상으로부터 출발한 문화 데카당스와 그러한 부패와 타락, 퇴폐와 같은 현상들을 주제로 사용하여 현상을 진단하고 새로운 가치를 추구하는 긍정적인 의미를 띤다. 조국의 현실이 놓인 일제 강점기라는 시대 속에서 병적 관능에 빠지지 않을 자 누구인가. 그러한 시대 인식에서 한 발 나아가 나름대로 예술을 위한 예술과 실존문학으로 나아간 오장환, 그의 노래는 식민지 조국의 노래, 부랑민처럼 떠돌던 우리 모두의 노래였다. 33세의 짧은 인생을 살다간 오장환, 그의 월북 역시 그 당시는 달리 대안책이 없는 해방구 '지금 이곳'을 진단한 당시 진보적 지식인의 고뇌처럼 '저기 저쪽'이라는 대안이며 출구였다. 식민지 근대 조선의 기형적이고 부정적인 면모들을 주제로 삼아 문제점을 찾아내고 새로운 시대를 제시하고자 했던 진보적인 리얼리스트로서의 창조행위였다고 볼 수 있다. 오장환, 그의 댄디즘, 탐구되지 않은 그의 바다를 찾아 파도를 일으킨 바람의 본질을 읽어야 한다. 일제강점기와 해방공간이라는 시대에 갇혀 '조그만 자기와 지금 여기'를 벗어나지 못하고 창조자아로 나아가지 못해 고개 돌린 리얼리즘은 당시 조국의 현실 상황과 연결하여 재조명할 부분이다.

당시 시단의 3천재로 불렸던 오장환의 시 세계, 그의 데카당스 문학은 시와 시론, 산문과 함께 분석할 부분이며 문화 데카당스와 구별하여 긍정적으로 평가할 부분이다. 이제는 그의 노래를 끝내야 할 때이다. 저무는 역두 마지막 기차에 성벽 안 슬픔과 비애를 실려 보내고 그의 무덤에 아름다운 꽃이 피도록 그의 노래, 나의 노래, 우리의 노래를 헌사 할 때이다.

오장환 생가 「나의 노래」 시비 앞에서.

참고 문헌

1. 기본 자료

김수영, 『김수영 전집 2』, 민음사, 1981.
김　억, 구인모 주해, 『오뇌의 무도』, 소명출판, 2023.
김용직, 『한국현대시인연구 上』, 서울대학교 출판부, 2002.
김윤식·김현, 『한국문학사』, 민음사, 2001.
김재용, 『오장환 전집』, 실천문학사, 2002.
김학동, 『오장환 전집』, 국학자료원, 2003.
오장환, 『성벽』, 풍림사, 1937.
______, 『헌사』, 남만서방, 1939.
______, 『병든 서울』, 정음사, 1946.
______, 『나 사는 곳』, 헌문사, 1947.
______, 『에세-닌 시집』(역시집), 동향사, 1946.
______, 「전쟁」,『한길 문학』7월호, 1990.
______, 「황무지」,『책과 인생』1월호, 범우사, 1990.
페터 추다이크, 임영은 역, 『니체』, 새한문화사, 2009.

2. 국내 논저

강영계, 『니체와 문명비판』, 철학과현실사, 2007.
곽명숙, 「1920년대 초반 동인지 시와 낭만화된 죽음」,『한국현대문학연구』, 제 11집, 한국현대문학회, 2002.
______, 「오장환 시의 수사적 특성과 변모양상 연구」, 서울대 대학원 석사논문, 1997, p.16.

김광균, 「헌사-오장환의시집평」,『김광균전집』, 국학자료원, 2002.
김기림, 「30년대 도미의 시단동태」,『인문평론』, 1940. 12.
김동석, 「탁류의 음악-오장환론」, 『예술과 생활』, 박문출판사, 1948.
김용직, 「열정과 행동-오장환 론」, 『현대시』, 1992.
_____, 『한국현대시인연구 』, 서울대 출판부, 2000.
김재용, 「식민지 자본주의와 근대 문명의 내파」, 『오장환전집』, 실천문학사, 2002.
김학동, 『오장환 연구』, 시문학사, 1990.
_____, 「오장환의 시적 변이와 지속성의 원리 3 : 전통의 거부 반응에서 좌경적 이념의 추구까지」, 『시문학파』227호, 시문학사, 1990.
김홍섭, 「데카당스 문학과 토마스 만」, 『한국독어독문학』50집, 1993. 1.
도종환, 「오장환 시 연구」, 충남대 대학원 박사 논문, 2006.
류진현, 「문화현상으로서의 데카당스」,『불어불문학연구』58집, 2004, 여름.
박정호, 「오장환의 부정의식과 체념적 비애」,『한국어문연구』16, 2002.
박호영, 「오장환 시의 모더니즘적 특성」,『인문과학연구』9집, 강릉대 인문과학연구소, 1990. 8.
백 철, 『조선신문학사조사-현대편』, 백양당, 1949.
서인식, 「애수와 퇴폐의 미」,『인문평론』, 1940. 1.
서준섭, 『한국 모더니즘 문학연구』, 일지사, 1989.
성기각, 「오장환 시에 나타난 고향의 문제」, 경남대 대학원 석사 논문, 1990.
신범순, 「30년대 문학에 있어서 퇴폐적 경향에 대한 논의」,『인문과학연구』24집, 관동대학교, 1996. 2.
_____, 『한국 현대시의 퇴폐와 작은 주체』, 신구문화사, 1998.

양애경, 「오장환 초기 시와 프랑스 상징주의시 비교 연구」, 『국어국문학』119권, 1997. 5.
윤규섭, 「휴머니즘론」『비판』, 1937. 7.
윤병노, 『한국 근.현대문학사』, 명문당, 1991.
윤상인, 「데카당스와 문학적 근대-1920년 전후 한국 근대시 형성 과정에 관한 비교문학적 고찰」, 『아시아문화』, 제 13호, 1997.
윤석우, 「한국 현대 서술시의 담화 특성 연구」, 조선대 대학원 박사 논문, 1998.
이미순, 「오장환 시의 고향이미지에 대한 일 고찰」, 『개신어문연구』 14집, 1997. 12.
______, 「오장환 시에서의 '고향'의 의미화 과정 연구」, 『한국시학연구』17호, 2006.
이봉구, 『성벽시절의 장환』, 아문각, 1947.
이상오, 「서정주 시의 보들레르 수용」, 『인문과학연구』38집, 2006.
이원규, 「오장환 시 연구」, 성균관대 대학원 석사 논문, 2000.
이준섭, 『프랑스 문학사』, 세손, 2002.
이진성, 『프랑스시의 배경과 전개-전통문화의 변용과 생성』, 연세대 출판부, 2002.
조연현, 『한국현대문학사』, 성문각, 1974.
한성철, 「1920년대 한국문학에 끼친 이탈리아 데카당스 영향 연구」, 단국대 대학원 박사 논문, 1996.
한정선, 「다자이 오사무와 데카당스」, 한양대 대학원 석사 논문, 1996.
한정순, 「오장환 시의 현실인식 연구」, 『호서어문연구』1권, 1996.

3. 국외 논저

니체, 프리드리히, 박찬국 역, 『비극의 탄생』아가넷, 2007.

랭보, 아르튀르, 김현 역,『지옥에서 보낸 한 철』, 민음사, 2003.
몽테스키외, 샤를 루이 드 세콩다, 박광순 역,『로마인의 흥망성쇠 원인론』, 범우사, 2007.
쁘띠피스, 삐에르, 장정애 역,『랭보-지옥으로부터의 자유』, 홍익출판사, 2001.
보들레르, 샤를르, 김인환 역,『악의 꽃』, 민족문화사, 1980.
하우저, 아놀드,「인상주의」,『창작과 비평』13호, 1969. 3.
세르키, 알리스, 이세욱 역,『프란츠 파농』, 실천문학사, 2002.
프티티에, 폴, 이종민 역,『문학과 정치사상』, 동문선, 2002.
방티겜, 필립, 민희식 역,『프랑스 문학의 이론』, 을유문화사, 1993.

오장환과 데카당스 문학

2024년 9월 13일 초판 1쇄 발행

지은이 이영숙
펴낸이 유정환
펴낸곳 도서출판 고두미
등록 2001년 5월 22일(제2001-000011호)
충북 청주시 상당구 꽃산서로8번길 90
Tel. 043-257-2224 / Fax. 070-7016-0823
E-mail. godumi@naver.com

ISBN 979-11-91306-71-2 03810

※ 책값은 뒤표지에 표시하였습니다.
※ 잘못 된 책은 구입한 곳에서 바꾸어 드립니다.